差异化教学

格利·格雷戈里 等 著

赵丽琴 译

Differentiated Instruction

华东师范大学出版社

上海市著名商标 华东师范大学出版社

ECNUP

全国百佳图书出版单位

大夏书系·西方教育前沿

目 录

　　　　　本章谈论了有关教师和学生的心态、学习潜能的信念以及态度和感受是如何影响学生学习的问题，强调了营造促成全体学生学习的氛围的重要性。差异化教学的关键是要考虑到大脑的安全需要，积极或消极的情绪可以促进或阻碍学生在课堂的学习。关于基本需要和情绪智力，本章引用了心理学家马斯洛、戈尔曼的观点，提出了营造积极课堂环境氛围的建议，因为在这样的课堂中，学生有安全感、被包容，是学习共同体的组成部分。

　　　　　本章关注的是建构学生的学习轮廓，帮助他们从学习者的角度来了解自己，这样学生通过作为终身学习者的自我认知来了解自己，优化自己的学习体验。因此，教师可以利用学生优势方面的知识来提供多样化的方式，以获得注意、加工信息和创作作品。本章对学习风格、帮助教师利用学习风格的知识进行教学和再教学的技巧做了论述，还提供了帮助教师和学生识别学习者优势的工具。

　　　　　唐娜·沃克·泰尔斯顿回顾了教育认知研究来澄清课堂实践和学生需求。她介绍了神经可塑性的概念、大脑神经元在一生中的生长能力以及连接能力，引用了玛丽昂·戴门德的关于大鼠树突在刺激丰富的环境中生长的研究。泰尔斯顿还描述了学生表现出的听觉的、视觉的和动觉的模式和行为，提出通过各种触及每个人上述模式和行为的途径来将这些优势最大化的方法。

该章详细论述了格兰特·威金斯和杰伊·麦克泰伊的"逆向设计模型"，以便与计划过程和评价紧密结合，然后基于准备状态、兴趣和学习风格，以及不同内容、过程和结果对教学过程进行差异化研究。作者提供了做计划的实际进程，确定整合的标准，包括概念、基准和技能。本章包括了设计最终评价、预先评估、形成性评价和评分准则的技巧，并提供了一些详细的例子，以及不同年级水平和学科的范例。

凯西·塔其曼·格拉斯重新定义了"差异化"的内容、过程和结果这些关键的组成要素，以及与差异化有关的学生特点，即准备状态、兴趣和学习风格。格拉斯将学习风格与基于准备状态的"差异化"联系起来。本章的特色在于以表格形式详细列举了各种教学策略及其使用方法，并将策略与所有学生的准备状态、兴趣和学习风格联系起来。

本章介绍了差异化教学过程中需要使用图表以及其他视觉形式的理论依据。作者给出一张表来说明图形组织者是如何支持差异化的，并提供了原则及应用。帕蒂·德拉波介绍了6种使用图形组织者进行差异化教学的方法:(1)开放性提示,(2)指导性提示,(3)同中求异,(4)差异化资源,(5)更加多样化,(6)创建自己的图形组织者。作者描述了每种图形组织者的步骤、优劣、注意事项及需要考虑的因素。每种类型都有举例说明以及形成重要评分准则的技巧。

本章提出了 6 个 e 作为以青少年为中心的设计原则，即评价（evaluation）、期望（expectation）、投入（engagement）、探究（exploration）、延伸（extension）和环境（environment）。文章以表格的形式清晰地描述了青少年的发展过程及其对课堂的启示，并对青少年学习者的需要进行了解释。每一种发展性学习需要都有详细的阐述，包括总的描述、来自脑科学研究的证据，以及对课堂的启示。

在本章中，作者们讨论了天才教育与普通教育的关系。差异化教学的前提是我们必须触及连续体上所有学习者的思想，但并不能将天才人群排除在外。所有学生都有创造性和多样化的机会。本章还考察了天才教育与普通教育的相互影响和三个 c，即交流（communication）、合作（cooperation）、共建（collaboration）以及相关的告诫、障碍、益处及建议。

本章，作者提供了课程计划的模板，将有助于教师考虑与差异化课堂有关的各种决定。文中提供了一些已成形的不同年级水平、不同学科标准的课程计划，展示了各种不同的形式。有时差异化可以通过调整三种水平上的作业来实现，有时又要根据学生的兴趣和偏好来选择方法。文中还有一个反思"清单"，该"清单"将差异化过程与大脑联系起来，涉及创建安全的环境，认可并尊重多样性，评价，教学策略以及多种课程方法。

前　言

格利·格雷戈里

自学校产生之日起差异化就一直存在——即使是在只有一个房间的校舍里，所有年级的学生待在同一个房间，相同的教师给学生上课，有着家庭式的氛围，学生合作互助，共同分享观点、专门知识以及有限的材料。当教育越来越普及时，学校就得到了发展。学生按年龄和年级顺序被编入不同的班级，学科领域也被分隔开来，但受杜威教育思想影响的教师仍能意识到学生在能力和兴趣上的差异，并会经常通过不同的学习活动和评价来应对学生的差异。随着卡内基模式在工业化时代的出现，"坐着听讲"的教学模式变得更加普遍，教师（尤其是中学教师）在他们的学科领域变得越来越专业。之后，在20世纪，尽管来自世界各地的移民增加了课堂上的差异性，但是，标准化运动要求所有学生都要参加各自年级水平的等级考试。僵化的计划、教学和评价并未取得预期的效果，教师意识到如果他们只是让学生为了"考试"而学习，那么他们不可能触及并教会所有的学生。因此，在20世纪90年代末，差异化教学作为一种帮助所有学生获得成功（不让每一个孩子掉队的方案）的思维方式和模式强势登场了。

有关如何学习的神经科学方面的新近研究成果和资料，可以帮助教师理解大脑是如何运作，如何集中注意力，如何理解事物，如何建立长时记忆，以及如何在基因/天性与先前经验、境遇、环境/教养的相互作用下发生改变从而具有独特性的。本书的作者会帮助教师将教育神经科学与课堂环境及教学策略联系起来。

本书所选的文章为教师进行差异化教学提供了各种重要的信息。一些作者基于我们所了解的有关大脑对安全需要和内在归属的需要，倡导营造促进学习的氛围；一些作者提出了解并帮助学生觉察自己的优势和偏好的学习模式以及兴趣是必不可少的；其他一些作者提出了各种教学方法，为学生学习知识、发展技能提供了不同途径。本文有两章介绍了基于标准的单元计划和课程计划的模板。此外，针对初、高中学校，本书还适当增加了有关深入了解青春期学生以及满足他们发展需求的差异化教学的内容。

第一章
营造学习的氛围

格利·格雷戈里
卡罗琳·查普曼

在课堂中我们随处都可以看到不同面孔、体型和身高的学生，但在这些差异性的背后，一些基本要素是所有学生在学校获得成功和体验到积极情感所必需的。

学习者获得成功的要素?

对于想要成功的学生而言，他们需要相信自己能够学得好，相信所学的东西是有用的、相关的和有意义的。他们需要知道自己是课堂的成员，要对自己的学习和行为负责。这样学生就会成为自我指导的学习者，他们有信心自己获取知识，因此，学生就会逐渐获得自我效能感（即相信自己）。凯恩（Caine，1997）在《教育的新范式》（*Education on the Edge of Possibility*）一书中谈道：

教师对人类潜能、每个儿童在学习和取得成就的能力方面的信念十分重要。教师在这些方面的心理模式对于营造学习氛围和培养学生的心理状态有着深远的影响。教师需要懂得，学生的感受和态度会参与到学习中来并对学习产生深远的影响。（p.124）

　　称职的教师相信所有的学生都能学好并取得成功；称职的教师有意识地营造一种让每一个学生都能感受到被接纳的氛围；称职的教师相信每一位学生都有潜能并致力于找到打开他们潜能的钥匙。

课堂文化和学习共同体

　　"文化"常常是指"我们周围人做事的方式"。在某种文化中，生活和工作的人们有时无法解释或描述这种文化是什么，但是他们的确能够感觉到它的存在。文化未必只能通过言语来传递，也可以通过行动来传递。有时我们会大声尖叫，以致我们不能听懂自己究竟说了什么。在《定量教学》（*Quantum Teaching*）一书中，迪波特等人（DePorter, Reardon, Singer-Nourie, 1998）写道，"一切都在说，一切总在说。"他们告诫教师，教师所做的、所说的和间接提及的都会对学生及其对成功的理解产生影响。格雷戈里和帕里（Gregory & Parry, 2006）认为：

　　对于大脑而言，行动胜于言语。课堂中发生的一切受大脑的三个组成部分的监控，其中的两个部分没有口头语言，但在读懂身体语言和声音的语调方面很娴熟。每一个手势，每一个音调变化，以及每一次个人空间的侵入都受大脑边缘系统的监控，并且会对其潜在危险程度进行评价。这些技能使我们的祖先得以生存下来，而且这些技能依然很好地存在于我们所有人身上。

　　由于大脑是一个平行处理器，因此它会在意识和非意识层面吸收信息。大脑连续在同一时间执行许多功能（Ornstein & Thompson, 1984），因此它能设法同时对思想、情绪和知觉进行加工。

　　之所以认为大脑是一个平行处理器，还因为它能使焦点注意和外围知觉同时参与其中，促成学习的发生。奥基夫和纳德尔（O'Keefe & Nadel, 1978）指出，大脑会对学习发生的整个感觉情境做出反应。周围刺激包括课堂中的一切，从单调或彩色的墙面到微弱的线索（如一个眼神或姿势），都传递一定的意义并被大脑做出解释。所有的声音和视觉信号充满了复杂的信息。对于讽刺性的评论，敏感的学习者一听就会心知肚明，而一个手势能比口头言语传递更为丰富的内容。

在与中州教育和学习研究（Mid-continent Research for Education and Learning, McREL）小组的合作研究及对学习维度的研究工作中，罗伯特·马拉扎诺（Robert Marzano，1992）考察了学习的氛围，正如杰伊·迈克泰（Jay McTighe，1990）与马里兰州教育部门所提出的：

> 与教师的行为密切相关的是在班级营造一种有利于学生表达的课堂氛围。……学生在严厉的、有压力的情境甚至是有点压抑的环境中无法很好地进行思考，在这样的环境中，群体的压力使独立的思考不太可能实现。教师可以用实际行动来表明他们欢迎原创性的、与众不同的想法，从而使课堂成为更有思想的场所。

著名学者迪鲍·罗兹曼（Deborah Rozman，1998）谈到，"心脏发送到大脑的神经信息可以促进或抑制大脑皮层的功能，从而影响知觉、情绪反应、学习和决策"。我们可以在3～4英尺内感觉到别人的心跳，这是由它发射的电磁场导致的。一个人的心跳会在另一个人的脑波中被记录下来。人们可以在不经意当中通过神经元觉察到真实的直觉情感。常言道，"人们需要先知道你是在意的，然后才会在意你知道什么。"古老的谚语正好解释了那种情形，因为它们往往是对的。

作为其动机选择理论的一部分，威廉姆·格拉瑟（William Glasser，1990, 1998）列举了五种同样重要的需要：

· 生存和繁殖的需要；

· 归属与爱的需要；

· 拥有某些权力的需要；

· 自由的需要；

·娱乐的需要;

这些需要在亚伯拉罕·马斯洛（Abraham Maslow，1968）著名的需要层次中也是清晰可见的。马斯洛的需要层次主要包括下面几种，开始是最基本的需要：

· 生理需要：食物、水、空气、住所。
· 安全需要：安全感、摆脱恐惧、秩序。
· 归属与爱的需要：朋友、配偶、孩子。
· 自尊的需要：自我尊重、成就、名誉。
· 自我实现的需要：实现个人的潜能。

一般而言，人类的需要层次是从基本需要向复杂需要提升的。当某种需要获得满足时，它就不再成为动机源，这是因为个体会开始关注另一层次的需要。

当我们考察动机因素时，我们需要记住必须满足学生的基本需要。我们知道所有人都有强烈的被喜欢和被接纳的需要，因此课堂必须处处形成接纳的氛围。学生之间，以及学生与教师之间建立关系，形成积极的学习共同体很有必要。斯坦福大学生物科学兼神经科学教授罗伯特·萨波斯基博士（Robert Sapolsky，1998）明确指出，我们可以通过构建支持性的环境来将压力的影响降到最小。

把一个幼小的灵长目动物放置在不愉快的情境中，它会获得压力反应。把它放置在同样的压力源下，而房间里有其他灵长目动物，那就要看是什么情况。如果那些灵长目动物是陌生的，压力反应会变得更糟。但如果它们是朋友，压力反应会减小。社会支持网络会让你在哭泣的时候有人给你肩膀来依靠，会有人握住你的手，会有人愿意聆听你的倾诉，会有人拥抱你，并给你安慰，告诉你一切都会好起来。（p.215）

一些教师和学生共同提出了课堂"协议"（Gibbs，1995）、"信任声明"（Harmin，1994）或"生活准则"来帮助学生，使学生能够感受到在课堂的运转中有他们的声音。这些规则也有助于学生在情绪智力上表现得更为出色，成为更负责任的学习者。学生提出他们认为课堂应该遵循的宣言，例如，"每个人的想法都是重要的。"在小组中分享他们的宣言后，班级对某些句子进行合并、删除或增加，直到达成一致，并且学生要对此感到满意并能够支持这些规则。这些规则如下：

- 没有错误的观点。
- 这里没有取缔，没有讥讽。
- 聆听每一个人。
- 错误是学习的要素。

如果将这些宣言/声明张贴出来，让所有学生看到并进行反思，那么学生将会监控和尊重自己创立的规则。

我们还认识到学习共同体加强了心灵和头脑（heart and mind）之间的联系。德里斯科尔（Driscoll，1994）建议我们考虑下面的观点：

共同体是个体获得意义的组织。它并非仅以共同的空间为特征，更是具有共同的意义。按照这种观点，共同体不只是人们在相同地方生活、工作或学习的产物，而是现有传统的一个丰富来源。（p.3）

情绪和学习

生活在恐惧中的学生是无法学习的。"调成低档"（downshifting）现象是"与疲劳或感知到的无助有关的对威胁的心理生理反应"（Caine & Caine，1997，p.18）。这一现象表明，如果学生关注的事项是能否有安全感时，他们就不可能专心学习。这种类比在计划中是有益的，这样我们就可以按照适合学生技能水平的方式来向他们提出挑战，而不至于给他们施加压力过度。一些学生在个人生活中的困难已经使他们压力很大，处于"高度戒备"的状态，以致不能全心专注于课程。

课堂中的安全感，既包括智力上的，也包括身体上的。在有压力时，大脑的情绪中心掌控了认知功能，因此大脑的理性思维部分就不会有效，这会导致学习受阻。如果学生每天生活在被取笑或被欺负的威胁之下，那么他们就不能全神贯注于学习。学生接受的挑战超出其技能水平时，会令其因更担心遭遇尴尬或被取笑，而不能专注于学习。如果他们不能够想象或感知到成功，那么他们将不会有动力去尝试挑战。

在教师不能调整学习内容以适应学生的愿望水平，并且教学只是面对"中等"水平学生的课堂中，一些学生会因为课堂缺乏挑战感到厌倦，而另一些学生可能会由于挑战太大而被置于不适当的压力之下。因此，教师需要考虑学生与学习目标之间的关联，并且为学生的学习体验做计划，使课程对每个学生的挑战刚刚超越其技能水平。

如果每个学生在接触任务时感到有成功的机会，就会更投入学习，尝试挑战，拥有自信。因此，一旦考虑了学生的期望水平（尽管单独考虑每个学生是不现实的），教师就会主动给学生分组，对所授知识技能进行设计以适应学生的理解水平。

教师需要考虑学习任务的复杂程度，使学生能够接受挑战而不被压倒。这就确立了"心流"（flow）的状态（Csikszentmihalyi，1990），在此情形下学习者对学习投入，对所学的知识感到兴奋，接受挑战，接受适当的反馈，他们忘乎一切。在这种状态下学生的产出最多、最具创造性：

当对自己的要求比平常高一点时，他们的注意力似乎最佳，而且能够比平常的产出更多。如果对自己要求太少，他们就会厌倦。如果有太多的事情让他们处理，他们就会焦虑。"心流"出现在厌倦和焦虑之间一个微妙的区域。

雷纳特·凯恩（Renate Caine）是一位著名的教育领域的关注脑科学研究的倡导者，提出大脑/心智学习和教学的三个基本要素：

· 情绪氛围、关系或放松的警觉；

· 复杂经验中的教学或投入；

· 学习的巩固或主动加工。

情绪氛围和关系对于形成科恩（Kohn，1993）所指的"放松的警觉"是很重要的：

用来协调学习情境的所有方法会影响"放松的警觉"状态。对于教育者而言，理解奖励和惩罚对学生心理状态的影响是非常重要的。研究表明，行为模式中大多数奖励和惩罚的应用会抑制创造性，干扰内在动机，减少有意义学习的可能性（引自 Caine & Caine，1997，p.123）。

奖励和惩罚容易降低自我激励以及喜欢学习本身带来的回报。下面列出了五种可供选择的奖赏的方法（Jensen，1998b，p.68）：

· 消除威胁；

· 营造强有力的积极氛围；

· 增加反馈；

· 树立目标；

· 激发并保证积极的情绪。

虽然不要求必须做到，但重要的是学生能够感觉良好，取得成功，拥有朋友，为自己的学习喝彩。

情绪会影响学生的行为，这是因为它们会引发不同的身心状态。某种状态是由特定的姿势、呼吸频率和身体的化学平衡组成的瞬间。去甲肾上腺素、抗利尿激素、睾丸激素、5-羟色胺、黄体酮、多巴胺以及许多其他化学物质的存在与否，会明显改变你的心理和身体结构。状态对我们有多重要？它们是我们所拥有的一切，它们是我们的感受、愿望、记忆和动机。（Jensen，1998b，p.75）

情绪氛围与教学相互作用，并会影响到信息的整合。如果"调成低档"现象发生了，高压力或高威胁的反应就会阻碍联系的建立，因而学习就不可能发生。此时，能记住孤立的事实和程序化的技能已是很幸运，更不用说会有更高水平的思维了。

如果学生认为不可能成功，而原因是任务太难或任务的提示、引导是模糊的、不能理解的，那么他们就会失去信心。这些情形会使学生形成消极状态，而且学生会不再坚持。取而代之，营造出"良性压力"或"心流"状态的课堂，会创造积极的学习环境。学习中允许学生做出选择，日常活动中是相互尊重的课堂，这就为学生提供了支持性的学习环境。

情绪智力

情绪智力是个人理智地利用其情绪的能力，它包括维持理智与情绪之间的平衡。丹尼尔·戈尔曼（Daniel Goleman，1995）认为情绪智力作为情感方面的能力，包括以下五个方面。

自我觉察

自我觉察是个体在一种感受出现时感知与命名并将其说出来的能力。善于自我觉察的人能够使用恰当的策略来处理他们的心境，他们会在倒霉的日子里与他人分享挫折感或寻求支持。教师应当鼓励学生说出自己的感受，寻找并给予支持。自我觉察还包括了解自己的情感，而不是任其泛滥，并采取策略来处理心境。坎德斯·玻特（Candace B. Pert，1998）在她的《情绪手册》一书中建议，"当你感觉到沮丧、无精打采的时候，那就去散步。当你感觉到焦虑、紧张的时候，那就去跑步！"（p.293）一旦我们意识到是什么情绪时，我们都需要找到改变和管理情绪的方法。

情绪管理

情绪管理是指意识到某种感受并将其标记出来的结果。情绪管理是在焦虑的时候一种平心静气的能力，或者是管理与处理愤怒的能力。当出现不恰当的情绪反应时，教师可以利用"教育契机"帮助学生学习问题解决技能，来找出合适的处理情绪的方法。如果学生在冲突爆发时有一整套处理冲突的策略，那么就会更轻松地解决冲突。

自我激励

自我激励由持之以恒、确立目标以及延迟满足感等方面组成。许多学生在困难出现时很容易放弃。因此，在面临阻碍时，学生需要感到有希望。"心流"的状态是该领域不可或缺的要素。如果学生和教师能够保持高挑战、低威胁的状态，那么学生就会学到更多的东西。

共　情

共情是指能够为他人着想。教师可以要求学生学会站在他人的立场上思考，这些人可以是某个情境中需要共情的同学，也可以是小说或历史中的人物，学生要站在他们的立场上去理解其情绪。这会让学生体会该人物或个体是如何感受的。理解别人的想法或观点常常是许多地区确立的一个标准。将心比心为容忍和理解奠定了基础。

社交技能

社交技能是个体用来"读懂"他人和管理情绪互动的能力。社交能力水平高的人有能力处理好关系，并能适应各种社交情境。据说他们有"社交风度"。

教师对这些能力做出示范，并在课堂中看到学生表现出这些能力时将它们指出来，这会告诉学生情绪智力在人际互动中的价值。

情绪智力表（见表 1.1）对情绪智力的五个方面进行了定义，还提出了培养每种情绪智力的建议以及课堂应用策略。

表 1.1　情绪智力表

智　力	培　养	应用策略
自我觉察： 当情绪出现时察觉和命名情绪的能力。	帮助学生讨论他们在不同情境中的感受。	反思； 日志和日记。
情绪管理： 认识和表达情绪，并恰当地做出反应。	利用"教育契机"来帮助学生学习管理情绪。	深呼吸； 数到 10； 抽出点时间； 身体运动。
自我激励： 诸如持之以恒、目标设定和延迟满足的能力。	帮助学生找到合适的位置。帮助他们在困难或挑战的情境中坚持。	目标设定； 坚持策略； 问题解决。
共情： 将心比心的能力。	鼓励学生站在他人的立场，考虑别人的痛苦。	示范共情； 讨论共情； 对研究的人做出反应。
社交技能： 个人用来读懂和管理情绪互动的能力。	明确教授社交技能。让学生完成小组任务时练习社交技能。	示范社交技能； 使用明确的语言来描述行为； 使学生能够练习这些技能。

资料来源: Gayle H. Gregory and Carolyn Chapman（2007）. *Differentiated Instructional Strategies : One Size Doesn't Fit All（2nd ed.）*. Thousand Oaks, CA : Corwin, www.corwin.com.

课堂氛围

学习氛围

在差异化的课堂中，所有学生都能感受到课堂是很安全的、安心的，不用担心表达自己的观点或困惑会有什么风险。许多时候，被认为在学业上有天赋的学生感觉到人们期望他们知道所有的知识，这些学生常常会假装知道所有的答案以回应其他人的期望，这会给他们造成压力并干扰其学习。令人失望的表情或评论会阻碍聪明学生将其困惑表达出来。这类学生与其他人一样，在课堂中也应该有安全感，即使是在她或他不知道所有答案的情况下。

被认为有风险或低成就的学生常常会应验"标签"的预期。当学生完成了某件事情，而教师表现出一副惊讶的表情时，给学生的暗示是并未期望他能做得到。这种做法常常会限制学生潜能的发挥，学生会应验我们的"期望"。

差异化的课堂强调的是知识基础和经验，而非智商和能力。每个学生都受到尊重。学习者懂得学习是一个过程，而且每个人的学习方式都是不同的。学习包括运用有效的预评估排除学生已经掌握的知识，并决定接下来学生需要学习什么。这种策略确立了一种不同的心态，即能够允许犯错、接受不理解、祝贺个体的成功和在知识基础方面的进步。成功提升的每一个瞬间都是人生积极的转变。

身心氛围

课堂氛围受教室中物理环境的影响。如光线适宜、干净整洁、井然有序、学生作品展示都会对营造课堂氛围有积极的作用。充分的、适宜的资源是促进学生成功所必需的。这里可以有计算机或其他可以让学生亲自动手操作的材料，也应该有人际互动和增长知识的机会。

　　创造丰富的环境不只是靠物质资源，还应当借助复杂多样的任务、挑战以及反馈（Caine & Caine，1997；Jensen，1998b）。教学材料和教学活动有助于树突的生长，这是一种能靠经验和刺激促进生长的神经连接（Diamond & Hopson，1998；Green，Greenough，& Schlumpf，1983；Healy，1992）。正如加利福尼亚大学洛杉矶分校（UCLA）神经学专家阿诺德·沙伊贝尔（Arnold B.Scheibel）博士所建议的：

　　根据已有的知识体系与动物实验，我们可以得出这样的推论：大鼠、小鼠、猫和猴子身上出现的同一种现象，也同样适用于人类，即提高周围环境的刺激和挑战水平，将会增加树突的分支和大脑皮层的厚度（引自 Diamond & Hopson，1998，p.35）。

　　这种增长可以通过各种复杂有趣的活动来刺激，正如雷纳特·凯恩（Renate Caine，引自 Healy，1992）在前面所指出的：“如果我们鼓励儿童从各种挑选出来的挑战（包括环境的和智力的）中做出选择，那么毫无疑问我们的做法是最明智的。”（p.72）

音乐的使用

　　促进课堂氛围的另一要素就是将音乐引入课堂。斯特拉斯克莱德大学（Strathclyde University）的研究者发现，当学生听刺激性的流行曲调时智能会剧增。他们指出，在课堂中播放最新的流行曲目确实可能会提高学生的成绩。

　　在获悉俄罗斯发现听音乐的病人恢复得更快的研究后，布里安博士（Brian）和卡特里娜·鲍斯（Katrina Bowes）在《大脑的最新研究》（*The Brain in the News*，Dana Press，2001）一书中对音乐的作用进行了考察研究。与认为只有古典音乐能够让学习者平静的观点相反，他们发现与古典音乐相同节拍的现代音乐（每分钟 60 拍）也有同样的效果，能让头脑更易于接受学习，这种音乐实际上有助于大脑对信息的保持。

许多尝试使用流行音乐的教师报告说学生的注意力会更加集中。流行音乐会触动自主神经系统，于是我们会感觉很好，会跟着音乐轻轻跺脚，眼睛的瞳孔放大，内啡肽水平和活力会提升。教师们常常会说，如果学生能在课堂上享受他们的体验，那么他们将会学到更多的东西，而且音乐能够为学习创造条件。学生会把一项熟悉的日常事务与一段音乐联系起来，因此能够为后面进行的工作做好准备。音乐可以是欢快的，例如当学生在估计午餐盒大小的小盒子里葡萄干的数量时，可以放马文·盖伊（Marvin Gaye）的"道听途说"（I Heard It Through the Grapevine）。音乐也可以迎合人们的情绪，而且能够创造一种心境，例如在开始讨论第一次世界大战时，我们可以听"约翰尼重返家园"（*When Johnny Comes Marching Home Again*），或者在做有关越南战争的研究时，可以听听布鲁斯·斯普雷斯汀（Bruce Springsteen）的"战争"（*War*）。

当学生的精力有些下降时，音乐会使他们活跃起来，打破"沉闷的氛围"。莫扎特的音乐或巴洛克风格的音乐能够使人平和、镇静。

欢笑与喝彩

笑声是课堂中可以利用的另一个工具。它通过释放被称作内啡肽的神经化学递质来加强学习。据说笑是两个人之间最短的距离，笑甚至有助于免疫系统增加血液中 T 类白细胞（T 细胞）的数量。T 细胞能够抵抗伤害与感染，一些研究者甚至给它们授予"快乐细胞"的称号（Cardoso，2000）。在课堂中加入幽默、笑声和喝彩是很有意义的。教师可以鼓励学生相互赞许，为彼此的成功欢呼。利用让人活跃的欢呼（Burke，1993；DePorter et al.，1998），学生可以热烈鼓掌、击掌庆祝或采用他们能够经常创造的其他庆祝形式，这些庆祝形式也包括各种动作。动觉活动通过给大脑输送更多的氧气和葡萄糖而使学生活跃起来，并且常常会带来愉悦和笑声，从而增加内啡肽。

为学习喝彩对于所有年龄段的学生来说都是重要的。祝贺课堂成功的一个简单方法就是让人欢呼雀跃。当个人或小组有"耀眼的瞬间"或展示出所学到的东西时，就要给予喝彩。除了鼓舞士气外，这些庆祝活动对于大脑会有生理上的促进作用。当胳膊举过头顶、身体移动时，身体的活动会向大脑输送氧气和葡萄糖。

下面列举了一些让人活跃和表示祝贺的例子。你可以加上自己的身体动作来增强喝彩的效果：

- ·是的！

- ·太对了！！！

- ·噢，是的！

- ·击掌。

- ·拍手叫好。

- ·轻拍桌子叫好。

- ·双手呈杯状鼓掌。

- ·哇噢！

- ·棒极了！

- ·哇，呀！（惊叹）

- ·坚持哦！

- ·你做到了。

- ·击掌欢呼。

- ·做出精彩地演奏吉他的姿势！（Excellent Guitar）

- ·轮流鼓掌。

- ·你很棒，越来越棒！

虽然课堂中的每一个学生都迥然不同，但是每个人都需要感到安全和舒适。在课堂中，气氛和氛围在学习过程中扮演着重要的作用。为了营造无风险的支持性环境（在这样的环境中，学生有安全感，可以健康成长），教师在课堂中能做的任何事情都要深思熟虑后再加以实施。在差异化的课堂中建立相互关心和支持的学习者共同体是必需的。相互了解和尊重的学生更能容忍差异，在面临不同的任务时会更愉快。尽管"众口难调"，但是学习者需要这些获得成功的条件。

 **反　思**

1. 您会如何描绘自己的课堂氛围？

2. 在教学过程中您是如何鼓励建立小组的？

3. 为了在课堂上营造一种学生可以无所顾虑地进行智力活动的氛围，您做了什么？

4. 您是如何在课堂上营造心灵上的安全感，禁止讥笑、羞辱和其他负面反应的？

5. 允许思考和回答提问的等待时间有多长？

6. 您用什么步骤来营造包容的氛围，从而使学生感受到他们是安全的、被接纳的？

7. 如何营造"放松的警觉"？

8. 如何创造"心流"的感觉？

第二章
了解学生的学习优势

玛丽莉·斯普伦格

反思与联系：

作为一名教师，你最大的优势是什么？

你使用最多的教学策略是什么？

在我们吃午饭时，珍妮丝（Janice）说道，"我以前从未意识到不同的学习环境有多么的重要，但现在仅仅是对这些环境的领悟，已经使我的课堂大有不同。不过，我知道自己还有更多的事情要做。"

"有时可以与学生们坐在一起吃午餐，"我提议，"在自助餐厅里，你会了解到很多有关他们的东西。观察谁和谁坐在一起，社会阶层将会在那里真实地呈现出来。"

"玛格（Margo），我看见你的学生坐在一起从事不同的活动，那是怎么回事？难道你不担心他们不在你的眼皮子底下时会发生什么事吗？我很担心会失去控制！"珍妮丝断言。

"如果你让他们做感兴趣的事情，而且一起来做，那就正好迎合了他们的愿望或兴趣，这不会成为问题，"玛格回答道。"你所看到的正是为不同学习优势的学生所设计的学习中心。"

"什么样的学习优势？"

"你们大学时讨论过学习风格和模式吗？"我问道。

"有一节课上我们讨论过一些。"

"好的，当大脑学习时，学习优势就形成了。我们很多人倾向于偏爱某一种或者多种感觉。我偏爱视觉信息。我的朋友格伦（Glenn），对他读过的东西记住得很少，却能记住他所听到的一切。"

珍妮丝看起来有些困惑，她说，"我认为这真的不足为奇，坦率地说这是50年代或60年代的理论。"

玛格和我面面相觑。"什么叫不足为奇！"她讥讽道。"你认为玛莉莲和我是老一套，是你在向我们寻求帮助。这一知识已经有一段时间了，它的重要性也得到了最新研究的支持。"

我笑着说，"珍妮丝，这确实改变了我的教学，也使我的生活变得更轻松了。每当学生在学习并且感到快乐时，课堂就成为一个让人感觉很爽的好地方。"

我们开始向珍妮丝灌输我们所提到的东西，理解学生的一些差异并不需要太长的时间，玛格和珍妮丝分享了下面的故事。

那是开学的第一天，杰弗里(Jeffrey)和埃莉斯(Elise)都对新学年感到兴奋。在杰弗里家，闹铃比平日里调早了，他在衣着上格外用心，因为他想在开学第一天看上去有点特别。杰弗里在卫生间里花了一些功夫来整理发型。他渴望见到朋友，看看新同学。他听说有几个新女生转到了这个地区，其中有几个会在他的班里。

埃莉斯的母亲在上班之前叫醒了她。埃莉斯身着崭新的服装，她也很兴奋，想看看其他女孩穿什么。

杰弗里在走之前检查了书包。所有的东西看上去井然有序：两支铅笔，三个文件夹，笔记本，黑墨水钢笔，一个圆规，还有一个量角器。他拉上了书包的拉链，关上了房间的门。

埃莉斯用最后一分钟看了看她的发型。"太完美了！"她这样想着，与此同时开始四处寻找她的学习装备。森林绿的新书包看起来真不错！她会记得收拾妈妈买的那些学习用品吗？哦，是的，那些纸、钢笔和铅笔。这是在老师们确切告诉他们期望得到什么就应该先做好准备。她向公共汽车走去。

学生们在校园里乱跑，直到 7 点 45 分铃声响了之后，他们才进入教学楼，走进他们的教室。杰弗里和埃莉斯今年在同一个教室。他们从一年级开始就在同一所学校。他们彼此笑了笑并点点头，然后走向自己的座位。杰弗里坐在了前排，而埃莉斯走向后面的角落，和她的朋友在那聊天。

沃姆斯（Warmth）夫人走进了教室。她一直在走廊里和学生打招呼。埃莉斯真的喜欢这个老师。她爱笑，能够仔细倾听孩子们，并且经常分享有趣的经历。

杰弗里希望斯塔夫（Stuff）先生做他们的指导老师。他是位有趣的教师，他的房间里有很多可看的东西。斯塔夫先生教授科学。尽管杰弗里会在今天晚些时候上一节这样的课，但他还是希望在斯塔夫老师指导的教室里。

当沃姆斯夫人点了名、统计完午餐之后，第一堂课的上课铃声响了。杰弗里、埃莉斯和其他学生收拾好东西准备上里奇德（Rigid）小姐的语言艺术课。"好了，同学们，你们按字母顺序坐吧，不要让自己太安逸了。"杰弗里对这个安排挺满意，他在字母表的第一部分，所以他很确信自己可以坐在前排。他可不想错过任何东西！另外，新来的女孩中有个姓亚当斯（Adams）的，他不介意与她做邻桌。

当叫到埃莉斯时，她的眼睛转了一下。她坐在第二排的第二个座位。她的所有朋友都在教室的后面。"为什么我不能改姓？"当坐在新座位上时，她开始抱怨。

教材在课桌上摆着，杰弗里仔细地把名字写在书上，按老师的建议浏览目录表。埃莉斯翻开课本，写上她的名字，然后快速地合上。"又一年的无聊课本。"她这么想着，同时转身向谢丽尔（Cheryl）打招呼。

"埃莉斯！"里奇德老师喊道，"今天是开学第一天，不要打破规矩！"

埃莉斯翻了一下白眼，然后转过身去。她估计自己会给这位女士让步十分钟。如果课堂没有活跃起来，那就是她做白日梦的时间了。她不可能一直坐上 45 分钟去听一节课或者看一本书。

杰弗里端坐着，迫不及待地想了解新的知识和作业，他已经把新钢笔和纸都准备好了。

不同的学生与不同的教师

这两个学生都渴望新学年的开始，他们都愿意去学校。为什么杰弗里渴求新知识而埃莉斯却准备在课堂上神游呢？难道是她不关心学业吗？

第一节课的下课铃响了，埃莉斯跳了起来！她正在考虑周五晚上的足球比赛。她把课本和学习用品都扔进了书包，然后和其他同学在门口排队。杰弗里记下了老师布置的作业，然后与她一起站在门口。

"我们有家庭作业吗？"埃莉斯问他。

杰弗里看着她，很惊讶她怎么连这都不知道。"放学后给我打电话，我告诉你作业。"他用叹息的语气说道。

他们走进普雷赛斯（Precise）夫人的数学教室。教室里上一年的课桌不见了，取而代之的是新的组合式桌子。"随便坐，"普雷赛斯宣布，"今年我们将进行小组合作。我已经挑选好第一单元的小组。之后，我们将创建一些特殊兴趣小组。"

埃莉斯很高兴，在这个课堂里不用做"白日梦"了。依据对这种安排的感觉，她预料自己可以在今年的数学课上学到很多知识。

普雷赛斯打断了埃莉斯的思绪。"好的，今天要做的第一件事情就是上黑板前面来，我想看看你们两人一组解决某些问题的能力。"

埃莉斯高兴地跳起来，拉起谢丽尔立刻朝老师走去，她很渴望展示她的数学能力。杰弗里缓慢地站起来，朝一个朋友点点头，然后一起上去。他迫切希望这堂课的这一部分内容赶快结束。他也担心小组的工作，他不希望最终还要完成其他人的工作。

一个课堂片段能对一些学生产生如此大的影响！显然杰弗里和埃莉斯都很

关心自己的学业，他们只是学习方式不同而已。恰恰是由学校以及老师来提供适合他们学习方式的学习机会。

什么是学习概览

> 学习概览（learning profile）指的是学生所拥有的全部优势和弱势的总和。

学习概览指的是学生所拥有的全部优势和弱势的总和。为了形成这样一个概览，我们需要知道学生如何获取信息，以什么方式加工，他们所偏好的输出方式，以及他们的注意系统是如何运作的（Eide & Eide，2006）。

输入、输出和模式的形成都依赖于我们的感觉。与学习建立的联系是通过视觉、听觉或动觉通道来完成的。如果学生的输入偏好是视觉的，那么大多数模式会以视觉形式被储存。

根据对杰弗里的短期观察，看起来他似乎是个视觉型的学习者。也就是说，他偏爱的输入系统是视觉的。他喜欢坐在前排，并且喜欢阅读书本；他也是个独立的学生，对他来说在小组中工作会感觉不舒服。他在"学校课业比赛"（school game）中是成功的，他知道如何获取语义信息，而且可能擅长将这些信息用于老师布置的作业以及标准化测验中。

另一方面，埃莉斯需要活动和交谈。她是动觉型学习者，喜欢通过活动来输入信息。通过伙伴或者团体合作，埃莉斯有机会借助动觉和听觉通道来加工信息。听觉型学习者需要说的和需要听的一样多，这才是他们真正学到东西的方法。

行为主义心理学家安德鲁·梅尔佐夫（Andrew Meltzoff）建议教师要运用各种信息输入的方式（Meltzoff，2000）。所有的信息通过感觉系统进入我们的大脑，教育者必须意识到个人不仅有偏爱的感觉系统，而且很有意义的是被触动的感觉越多，信息越有可能被更多地编码，从而使感觉变得更完美。换言之，如果允许埃莉斯走动和说话，那么她会从视觉方面接受信息。不言而喻，我们都能够使用所有的感觉通道（除非有生理上的问题）。在用不同方式接收信息的能力方面，有些学生会比其他人更平衡些。

注　意

学生的注意系统和他们的输入系统有关吗？答案是肯定的。如果一个学生偏好视觉信息，那么视觉刺激就会对那个学生有吸引力。这并不是说其他新异刺激不能吸引学生的注意。马拉扎诺（Marzano，2007）认为下列刺激对大多数学生都是有吸引力的：充沛的活力、缺失的信息、轻微的压力以及适度的竞争。

> 对多数学生而言，有吸引力的刺激类型包括充沛的活力、缺失的信息、轻微的压力以及适度的竞争。

充沛的活力是指身体的活动会使氧气和血液流入大脑。运动和学习是在大脑的同一部位被加工的。定时或者定步调的学习会对注意和学习产生积极的影响。需要记住的一个重要方面就是注意持续的时间。大多数研究表明，如果用分钟计量的话，学生的注意时间等于他们的年龄。记住，假如你在教 10 岁的孩子，八到九分钟之后就应该改变一下活动或教学风格。大体上讲，学生上课使用的大脑部位的化学物质会减少，并且需要时间来再生。当你转换成另一种刺激时，你就给大脑提供了所需要的时间（Sprenger，2005）。（如果教师不改变刺激，学生就会"自我刺激"，比如和别人说话、走动、看漫画书，等等）。最后，马拉扎诺指出，教师的热情和能量对学生的注意有积极的影响。如果你对课程充满激情，那么这种激情就会感染学生。

缺失的信息提供了一个在大脑中搜寻模式的机会。测验表明，开放式问题和其他游戏会促进学生与先前知识建立联系。有些教师在投影仪或幻灯片上列出与主题相关的概念或词汇表，要求学生找出缺失或可以添加的信息。学生会觉得这是个挑战，然后在大脑中搜索缺失的信息。不属于缺失信息的词汇或想法就会凸显出来，因为它们不能融入储存在大脑中的信息网络。m & m 游戏就是一个例子。"m"分别代表的是记忆（memory）和魔术（magic）。学生们首先从他们的记忆中进行搜寻来增加一些思想，然后表演"魔术"，使不必要的信息消失。一些教师运用实际的 m & m 游戏来做每一次回忆和每一项魔术表演。如图 2.1 所示。

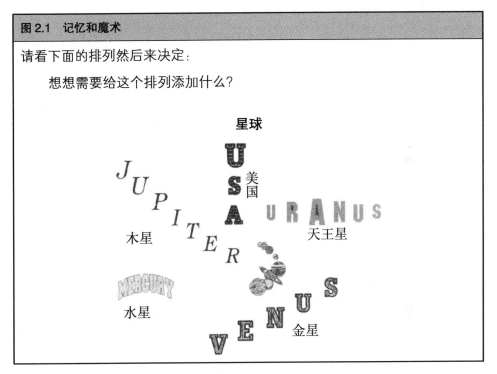

图2.1 记忆和魔术

请看下面的排列然后来决定：

想想需要给这个排列添加什么？

星球

JUPITER 木星

USA 美国

URANUS 天王星

MERCURY 水星

VENUS 金星

轻微的压力是指压力不太大。尽管糟糕的压力会抑制学习，但是良性压力却有助于我们集中注意力。学生知道要测试或提问就会保持注意力的集中。除了利用学生能够集中注意的时间外，等候时间也可以用来达到这个目的。许多学生假定老师们想要快速做出回答，就会让总是快速反应的学生来回答，因此，没有要求他们注意或思考。然而等待学生提取到信息，甚至期望他们都举起手来回答问题，可能会给他们施加适度的压力来使学生集中注意力。

尽管糟糕的压力会抑制学习，但是良性压力却有助于我们集中注意力。

平和或适度的竞争能够使许多孩子集中注意力。这种竞争不会引起任何尴尬或烦恼，如辩论就是很好的例子。对学生而言，团体游戏或两人一组的游戏会很有乐趣。

多布拉·皮克林（Debra Pickering，2005）提供了能够提升乐趣、促进学习的游戏。在她的一个工作坊里，参加者两人一组，一个人面对屏幕坐着，另一个人背对着屏幕。以某个主题为首的一列词汇出现在屏幕上面，看着屏幕的一方给出定义或者做出解释，然后让同伴说出是什么词汇。先做完游戏的小组成员会得到一块糖果。对学生来说，贴画可能是更好的选择。这种游戏很好玩，所有人都会集中注意力。这种情境实际上包含了前面提到的所有集中注意的因素。它节奏快，让同伴猜出你的信息会有一些压力，也会有缺失的信息，而当学生挪动椅子与同伴坐在一起时会有身体的活动。

模　式

通过输入系统，我们将感觉模式存储为长时记忆。大脑利用这些模式来理解和存储新的模式。例如，如果你在数学或科学课堂上介绍比例的概念，你可能会问学生做过柠檬水没有，他们是如何制作柠檬水的。无论是由现成的包装配料还是冷冻的浓缩物制作，说明书都会提供一个调制饮料的比例。学生可以利用这一既有知识，并使用这种方式来理解比例的概念。如果你教的学生没有做柠檬汁的经历，那也很容易，可以在课堂上带个容器来做演示。不过更好的做法是准备足够多的容器，让每个学生都去体验如何倒出适当的比例。

如上述所言，学生有自己偏爱的存储记忆的模式。他们在工作记忆中使用这些模式来编码和思考新信息。在长时记忆中，这些模式用来填充长久记忆中的信息，然后提取出这些信息。在对学生的学习风格有了初步的了解之后，我们可以更深入地了解他（她）使用的记忆模式过程。

> 在对学生的学习风格有了初步的了解之后，我们可以更深入地了解他（她）使用的记忆模式过程。

在课堂上，我发现如果每堂课都考虑 VAK（视觉、听觉、动觉），学生不仅会学得更快更容易，而且他们会喜欢学习。如果我们想让学生关注学习，那么他们必须在学习过程中体验到成就感。

普雷赛斯夫人就有这种思想。她上课时先从动觉学习者开始。首先，学生们走向黑板，就有大量的肌肉运动。学生两人一组工作，这就为听觉学习者提供了输入和输出的机会，也有助于减轻压力。那些视觉型学习者将很快"看到"写在黑板上的各种信息。不过更好的是，这是教师接近先前知识（学习的关键）的方式。由于大脑是一个理解的器官，它通过不同模式与先前的学习建立联系，使每个学生明白学了什么。一旦普雷塞斯老师确定她的学生已经懂得了什么，她就可以运用那些知识来与未来的学习建立联系。

为什么谈感觉通道?

图 2.2 对大脑的信息加工系统做了总结。最初，感觉信息从我们的神经系统被发送到脑干，再从脑干进入被称作丘脑的大脑中间的中枢过滤站。丘脑将这一信息发送至大脑皮层的指定区域。大脑皮层是较高水平的思维发生的区域。每种感觉都有一个区域，称作联络皮质。例如，听觉信息通过脑丘发送至听觉联络皮层。信息要被检查，如果它是重要的而且应该被注意的，那么大脑的另一部分组织就会参与进来。这就是网状激活系统，位于脑干部位，它是个强有力的组织，可以发送遍及整个大脑的信息。它能唤醒大脑去识别信息，帮助存储长时记忆中的模式。

图 2.2　信息加工

1. 信息通过感觉进入大脑。除了嗅觉以外的所有感觉信息都是以相同的方式被加工的。

2. 信息经过脑干进入丘脑。

3. 丘脑将信息分类，发送至大脑皮层的各种联络区域。

4. 视觉信息进入枕叶中的视觉联络皮层。
   听觉信息进入颞叶中的听觉联络皮层。
   动觉信息进入运动皮层地带和小脑。

5. 如果信息需要即刻注意，脑干中的网状激活系统就会释放化学信息来集中注意。

6. 如果信息是重要的、与事实有关的，海马体的边缘组织就会将其收录为长时记忆。如果信息是重要的、情绪方面的，杏仁核的边缘组织会将其收录为长时记忆。

7. 信息存储在大脑皮层的各个区域。

　　模式正是在这些联络区域形成的。例如，在视觉中心，我们拥有狗的模式。有时候，我们有一个基本的模式：四条腿，一条尾巴，一个头，耳朵，锋利的牙齿，还有皮毛。我们也有具体的模式，如达尔马提亚狗，以上所有的特征再加上更具体的头和尾巴的形状以及白底黑斑。正是通过这种模式，我们学会了识别周围的事物。

　　我们所有的感觉总是处于工作状态。每秒钟你都会被感觉信息所轰炸，但注意到所有的感觉信息是不可能的，你也不愿意那样做。例如，在你读到后面的几句话前，你可能不会觉察到你的屁股下面椅子舒不舒服，或者鞋子里面脚指头的感觉如何。这些是不重要的信息，除非你这些部位相当不舒服。大脑帮助你关注重要的事情。

　　由于所有信息都是通过五种感觉来接收的，因此许多研究者认为我们会形成对某一种感觉的偏爱（Dunn & Dunn，1987；Grinder，1991；Markova，

1996；Sprenger，2007）。正如我们有两只手，大多数人都偏爱用其中的一只，这只手就成为我们的优势手。同样，很多人似乎有占优势的感觉通道。通过经验、基因以及大脑的发展，他们发现对自己而言某种感觉运作起来比其他感觉更好一些。我们可以将这种感觉或模式定义为他们的"学习优势"。从 1971 年开始，我一直与成年人、儿童一起工作，我发现个体如果开始利用这种优势，就总是能够取得最佳的学习效果。

> 由于所有信息都是通过五种感觉来接收的，因此许多研究者认为我们会形成对某一种感觉的偏爱。

当我们考察记忆的工作机制、审视记忆问题时，我们会更清晰地理解这些感觉通道对于学习的重要性。根据巴布和斯沃斯（Barbe & Swassing）的观点，感觉、知觉和记忆共同创造了模式（Guild & Garger，1998）。你看，我们拥有视觉、听觉和动觉记忆系统。其他两种感觉呢？他们有记忆吗？很明显，我们会及时回忆起某些气味或味道。这些感觉通常与动觉混在一起，因为它们涉及"做"什么事情（Markova & Powell，1998）。

《回归教育的本位》（*Righting the Educational Conveyor Belt*，1991）的作者米歇尔·格林德尔（Michael Grinder）考察了一个有 30 名学生的课堂。他说这些学生中大约有 22 人能够很轻松地通过所有的感觉通道来提取和保留信息。剩余的 8 名学生中，2～3 个学生由于课堂外的问题而在学习方面有困难，5～6 名学生除了自己的优势以外，在使用其他的感觉通道方面都有一定的困难。他把这些学生称为"翻译者"，因为他们必须将来自其他感觉的信息转化成自己偏好的方式。转换对他们中的多数人而言是很困难的，在转化的过程中很多信息可能会丢失。这就是那些需要更多帮助的学生，在布置一些课堂作业后，常常举手的学生可能就是这类学生。

感觉通道

人们已经识别出一些属于感觉偏好的特点，你可能会熟悉其中的某些特点。不过，如果只是像一点点，那就再看看。我认为你会对自己忘掉的或者是最近发现的东西感到吃惊。通常，当观察视觉、听觉／言语、触觉／动觉学习者时，人们会观察到下面一些情况：

视　觉

· 眼睛在转动。

· 目光会追随老师的身影。

· 会被运动分心。

· 喜欢讲义、黑板和投影仪上的作品，以及其他视觉呈现物。

· 经常会说得很快。

· 经常通过向上看、向左看来提取信息。

· 经常这么说"我明白你的意思了"或者"我明白了"。

听觉／言语

· 愿意回答反问句。

· 健谈；可能会自言自语。

· 声音会分散注意。

· 喜欢录音带作品和听人说话。

· 喜欢大声朗读材料。

· 通常讲话很清楚。

· 在听自己的录音时，经常左顾右盼以提取信息。

· 经常会说"听起来不错"或者"我听懂你说的话了"。

动觉 / 触觉

· 坐得很舒服，通常会无精打采或动作很多，靠着椅子，敲打铅笔。

· 常常说得很慢——感受每个字词。

· 舒适的变化（如温度、光线等）会分散注意。

· 需要动手的经历。

· 动作会分散注意——通常是他 / 她自己的动作。

· 当他 / 她学习时通常通过向下看以感觉到运动来提取信息。

· 经常会说"我需要一个具体的例子"或者"感觉是对的"。

感觉系统

关于大脑的研究已经有很多，然而我们还是没有得到所有的答案。对于感觉系统的运作机制，我们有更多可利用的信息，正是这些信息可以帮助我们理解在学生身上看到的一些差异。让我们简略地看一下信息加工。正如我早先陈述的，信息通过我们的感觉进入大脑，每个感觉有一个通道。丘脑对信息加以分类，然后发送至大脑的顶层——大脑皮层。大脑皮层有每种感觉刺激的区域。视觉皮层加工视觉信息，听觉皮层处理声音，触觉皮层加工触觉。来自每种感觉的信息被送至顶叶皮层，在这个区域所有的信息组合在一起形成一种表征。信息从顶叶皮层发送至海马体。这个重要的记忆结构从大脑的几个集合区接收信息。正是在这几个集合区，信息可以将对发生了什么的简单知觉变成一个抽象的概念（LeDoux，2002）。

通过上面的介绍，我们可以看出感觉系统对于学习是何等重要。感觉偏好系统的概念已经成为教育者和研究者的共识（DePorter，Reardon，& Nouri，1999；Grinder，1991；Markova，1992；Rose & Nicholl，1997）。当我最初得知这一信息时，我认为了解所教的每个学生的感觉偏好通道至关重要。掌握这些信息不仅非常有趣，而且对帮助学习有些困难的学生也是非常有用的。不过，更为重要的是让学生了解自己的感觉偏好，这样他们可以利用自己的优势。

视觉记忆偏好

拥有这种感觉偏好的学习者喜欢看信息。这听起来很简单，但是至少有两种类型的视觉型学习者。有些人很容易看懂图形和表格，而另一些人容易看懂印刷品（Kline，1997）。我是个印刷品取向的视觉学习者。我经常会让别人失望，因为我不能回忆起他们的地毯或者新厨房的颜色。不过，我的确能够记住印刷的文字。当被问到某个问题，如果是我读过的信息，我会描述文字，然后是页码，最后我能在不看书的情况下陈述主题。通常你可以通过目光接触来辨别视觉学习者，他们可能具有前面描述的特征。作为沉默的人，你只需要对他们说，"把课本翻到54页，请看……"这样他们就会很开心。对他们来说，只有亲眼目睹才算是真正的学习。很多视觉学习者的视觉技能不错。因此，如果他们参加一项涉及学习某个概念的动觉活动，他们可以在脑海中浮想到那个情节以便更好地回忆出来。在这种类型的学习者中，有些人拥有很强的空间技能，能够不费力地将形状和大小视觉化。由于他们经常能够轻而易举地把词汇和问题视觉化，因此拼写和数学对他们来说就很容易。他们中的有些人非常整洁，因为他们能够清楚地意识到物体的形象。对他们而言，不够整洁有可能导致冲突的发生。电影、田野调查、地图、图形、表格和图画通常会激发他们的兴趣。

> 通常你可以通过目光接触来辨别视觉学习者。

印刷品倾向的学习者会深陷于书面文字中。他们中的大多数人和其他视觉学习者一样，能够从相同的体验中学习。不过，他们可能需要让人督促。这种偏好还包括书写。把信息写下来可以让这些视觉学习者拥有看到概念是如何被整合的机会。即使他们不会再看第二眼，但他们还是有可能做大量的笔记。

听觉 / 言语记忆偏好

听觉偏好通常包括听和说。大脑中听觉区域和言语区域非常接近。这些学生通常喜欢听别人说话，也喜欢自己谈论，他们常常拥有很强的语言能力。他们的词汇量很大，喜欢措词，并且说话很有节奏。他们中的某些人能够轻松地学会外语和方言（Markova，1992）。这些学生可能有音乐天赋。音调、音高、节奏和韵律可能会吸引他们。同时，这些学生可能会对声音敏感。换言之，某些噪音会让他们厌烦。当他们正在学习或者聚精会神的时候，外来的噪音（比如从暖气片发出来的声音）可能会让他们走神。他们会说，"告诉他别再用钢笔发出咔嚓声了。"或者"她快停止咳嗽吧——我都快疯了，我无法思考了！"有个学生告诉我："他呼吸的声音太大了！"这些学生通常在把词汇说出来时就能够把它们拼写出来，这可能是他们不喜欢多写的原因。他们的拼写经常是错的——毕竟，你不能确切地根据读音来拼写词汇。

很多教育工作者认为这些听觉偏好者能够一天到晚地倾听，这完全是错误的。对这些学生来说真正的学习意味着他们能够和别人谈论。小组工作对许多听觉加工者有益，因为小组工作或团队项目会给这些学生提供详细讨论材料的机会。

动觉 / 触觉记忆偏好

动觉 / 触觉记忆偏好包括不同类型的学习者。我们经常认为这些学生不过是爱摇头晃脑、扭动身体的人，我的女儿玛尼（Marnie）就属于这种类型。对她而言，学校大多数时候都不是一个快乐的地方。尤其是她的老师偏爱视觉型学习者，认为玛尼的动作会使人分心。不过，这并非有这一偏好的儿童或成人的唯一特征。

> 动觉学习者有多种不同的类型。

动手学习者

实际动手操作的触觉—动觉型学习者需要通过做某件事情来达到学习的目的。他们通常通过组装东西、拆卸物品、研究材质、操作物体来取得最佳的学习效果。在这些学习者的生活中，他们的数学处理能力十分突出。我丈夫斯考特(Scott)就是个动手学习者。他不会去阅读录像机的手册(或其他任何说明书)，而是用控制键操作，直到弄明白为止。

全身学习者

全身的触觉—动觉型学习者需要成为他们正在学习的东西的组成部分。这包括角色扮演、练习、建造、生动的演示以及运用全身的活动。

涂鸦者

涂鸦的触觉—动觉学习者通过画画、涂色以及涂鸦来学习。在进行讨论的时候，允许他们在课桌上做这些事情可能会帮助他们聆听。面对这种类型的学习者，我必须提醒自己涂鸦正在"使大脑兴奋起来"。这些学生中的许多人都有健康的身体和运动技能。他们非常协调，在运动中表现出色。这些学生也经常被错误地认为活动过多，因为静坐对他们中的一些人来说是个很大的问题。经常的情形是，如果教师待在附近，就会让那个学生平静下来；摸一下他/她的肩膀以表示肯定，也会让其安静下来。

知觉模式

多纳·马克瓦（Dawna Markova）博士写过几本主题为学习方式的著作。她将我们的思想比喻为交响乐队。我们都像是不同的乐器，乐器演奏起来是不同的，听起来也不一样，但是融合在一起就是优美的音乐。秘诀就在于要知道你有什么样的乐器以及如何演奏它。许多年来，我是一个演奏长号的教师，向整个班级的学生教授长号——实际上只有少数学生拥有长号！马克瓦对感觉通道（sensory approach）的看法有点不同。由于我们拥有五种感觉，而且运用这些感觉，因此她将学习者分为了六种不同的模式（见表2.1）。这些模式是在差异化教学中给学生分组的一种方法。

表2.1　用于灵活分组的知觉模式		
模　式	偏　好	特　征
视觉—听觉—动觉	1. 看和展示 2. 听和说 3. 体验和做	阅读和讲故事；有很好的目光接触；能够长时间静坐；回避运动。
视觉—动觉—听觉	1. 看和展示 2. 体验和做 3. 听和说	有很好的目光接触；整洁；说话带手势；回避公开的表达。
听觉—动觉—视觉	1. 听和说 2. 体验和做 3. 看和展示	非常爱说话；精力旺盛；擅长语言；通过讨论和演讲学习；经常打断别人；目光接触很少。
听觉—视觉—动觉	1. 听和说 2. 看和展示 3. 体验和做	非常爱说话；词汇量不错；通过讨论和演讲学习；通过阅读学习；保持目光接触。
动觉—视觉—听觉	1. 体验和做 2. 看和展示 3. 听和说	通过动手学习；有目光接触；擅长运动；在朗读和做报告方面有困难；在用言语表达感受方面有困难。

动觉—听觉—视觉	1. 体验和做 2. 听和说 3. 看和展示	主要通过身体或动手来学习；安静地坐着有困难；擅长教学活动；擅长运动。

如果我们注意观察所有孩子，那么有时候这在理解这些知觉模式上是有益的。学生之间会有些差异，尤其是当你审视前两种感觉偏好时。例如，我的丈夫和女儿都是动觉型学习者，但他们截然不同。玛尼是动觉—听觉—视觉（KAV）型学习者。她喜欢走来走去说话，总是摇来晃去。为了学习，她必须站起来活动；而斯科特是个动觉—视觉—听觉（KVA）学习者。他通过动手来学习，不会讲很多话，而且对他而言，正式演讲或大声朗读都是非常困难的。我认为觉察到这一信息在应对不同的学习者时会十分有益。

需要了解的事

识别学生模式的方法有几种。理解一个人的感觉偏好不仅仅是学习模式的一部分，而且也是元认知和终身学习的一个步骤。学生对自己的了解越多，就越会成为更好的学习者。要向他们解释不同的学习风格。不仅他们会为此而着迷，而且你也可以帮助他们决定哪种方法最好、最适合他们的学习和研究。要把这些信息作为有助于成功的跳板而不是拐杖。学生一旦掌控了自己的优势，之后就能探索出不同的学习方式。

> 学生对自己的了解越多，就越会成为更好的学习者。

识别感觉偏好最可靠的方法就是观察。在你仔细地考察和学生的自我感觉之间，你可以相当准确地确定一种感觉偏好。我为学生准备了一份评估（见下页"你是哪种类型的学习者？"），但要注意它是有局限的。让一个在书面测验中表现不佳的学生进行书面测试可能会得到错误的信息。这份评估已经尽量地简化，这样你就可以只是在和学生进行讨论时使用。

在学生给出答案后，分别统计他们选择的 a、b、c 的数量。如果学生大多数的答案都是 a，那么他们偏爱视觉模式；如果大多数答案为 b，那么他们似乎是听觉型的。如果选的 c 最多，那么他们倾向于动觉型。你会发现很多学生都是平衡的，这对他们来说会有益处。不过，可以肯定的是在困难的情境中他们会依赖某一种偏好模式。

你是哪种类型的学习者?

请回答下列问题，选择最适合自己的答案。

1. 当我看电视节目时，我最能记住
   a. 服装、风景和男演员 / 女演员。
   b. 人物彼此间说的话。
   c. 节目中的表演或它让我感觉如何。
2. 独自一个人的时候，我喜欢
   a. 阅读或者看电视。
   b. 电话里交谈。
   c. 玩游戏或者出去玩。
3. 如果给自己买衣服，我通常会买
   a. 淡淡的颜色，流行的款式。
   b. 鲜艳的衣服。
   c. 非常舒适的衣服。
4. 当我想起以前的度假时，我会记得
   a. 那些地方的样子。
   b. 我在那里的声音和谈话。
   c. 我对道路的感觉以及活动。
5. 我最喜爱的学习方法是
   a. 有人给我展示图片或者看书里的图片。
   b. 有人告诉我怎么做。
   c. 我自己做。
6. 当我学习时，我喜欢
   a. 放一些轻柔的音乐，有充足的光线。

b. 寂静无声，有时候能够大声的朗读。

c. 相当的舒服——比如说在床上或者沙发上。

7. 我最喜欢的课程是当老师

a. 较多地使用投影仪和黑板，我可以把信息抄下来。

b. 告诉我们信息，我只需要听就可以了。

c. 让我们自己试着做东西。

8. 当我拼写单词的时候，我

a. 在脑海中形成图像。

b. 发声读出每个字母。

c. 写下来，看它是否感觉正确。

9. 我

a. 认为电话里交谈也可以，但我更愿意面对面与人们谈话。

b. 喜欢在电话里谈话。

c. 宁愿出去做点事情也不愿意在电话里谈。

10. 最令我不舒服的情况是

a. 不能看电视或者阅读。

b. 不能说话。

c. 不能四处走动。

资料来源：Marilee Sprenger（2008）. *Differentiation Through Learning Styles and Memory (2nd ed.)*. Thousand Oaks, CA : Corwin, www. corwin. com.

千万不要让学生利用感觉偏好作为不恰当行为或不能完成任务的借口。这是重要的信息和极好的工具，没有理由让学生靠此来扰乱课堂，它会让你意识到该如何调整自己的教学和学生的学习。

千万不要让学生利用感觉偏好作为不恰当行为或不能完成任务的借口。

贾森（Jason）是一个表现出听觉偏好的 8 年级学生。事实上，贾森必须通过谈论内容才能理解它。学年初，我与学生们谈论他们的大脑及感觉偏好。显然贾森通过听和说比以前学得更好，当这一点得到证实之后我发现自己也较少在他说话的时候责备他，除非他干扰了课堂。但他开始利用这一新信息作为借口，"可是，斯普伦格老师，我情不自禁，我是个听觉型学习者。"我们私下里就他的偏好如何得到尊重而有过一次谈话，条件是他不能打扰其他同学的学习。

到此为止你会认为很好地掌控了学生的学习模式，你将会怎么做呢？正如我在每堂课上强调的，第一件要做的事情就是将每堂课设置成 VAK（视听动）模式，以下面三种方式讲授课程：

1. 运用黑板、投影仪、讲义、PPT 演示文稿等。

2. 给学生们讨论的机会。

3. 运用某种动作或活动。

不要对动觉活动感到恐慌！通常一些简单的运动就可以满足动觉型学习者。因此，尝试一些 2 人一组、3 人一组或其他的团体活动。你可以只是让他们站起来分享。记住，书写也是一种动觉活动——但是不要过分使用它。在小黑板或写字板上书写有时能够让动觉学习者将注意力集中在任务上并且加快速度。

重新教授

从你开始上课的那一刻起，就可以对学习风格加以验证。当你上完课之后，一定要让学生在课堂上进行后续的作业。坐在位子上，看看谁会举手提问，或者走向你的课桌旁，这些学生应该是没听懂什么东西。

在课堂上按你所给的方式对信息编码有困难的学生就是"翻译者"。在他们大脑中实际进行的是"不同模式的转换"。我们有时也会做这种转换。例如，你将手伸向口袋发现了一个小小的圆东西，通过感觉，你的脑海中有一枚银币的图像，根据大小，你认为它是 25 分的硬币。学生们在获取你的信息之后，要将你的模式转变为他们自己的模式。很多人擅长这种转变；然而，信息会在这个过程中丢失。可能是这些学生没有用心，然而，他们可能一直都在非常用功地进行转换，但还是丢失了一些信息。

当你重新去教学生时，要密切关注他们最终是怎样"获得的"。他们需要你为他们用语言画幅画，还是需要你口头上再解释一遍？或者是他们告诉你他们的想法，同时在他们边听时你来改正，这样做会帮助他们吗？找到你很少触及的那种模式，并在课上有计划地碰撞那个难点。最终，你会发现甚至都不用重讲了，因为你和学生"讲的是同样的语言"。在课堂上他们会感觉自己是重要的，你将会看到学生的自尊心在提升。

我在处理感觉偏好方面已经积累了一些成功的经验，这些经历也激励我继续研究所有的相关技巧。

班里有个 8 年级的学生艾琳（Erin），由于她的听觉—动觉—视觉偏好使得她的生活中总有困难。艾琳需要具体地听到或者感觉到自己做成了一件事，不然她会很纠结。

我经常告诉艾琳可以在不同时间在教室里走动以满足她动的需要，也经常把一组听觉学习者（包括艾琳）送进另一个房间去大声朗读文学故事。一天，在课堂上的一次讨论过程中，我发现艾琳的另一个问题。这个发现始于我的一个问题，"你们有多少人在关掉了收音机或熨斗之后还必须回去检查一下你是否真的把它关了？"在检查这一外在强化刺激时，我碰到了棘手的问题。

"斯普伦格老师，你可能不会相信艾琳有多少次必须回到楼上去检查她的卷发棒是不是关了！"艾琳的好友苏珊（Susan）说。

"嗯，是的，斯普伦格老师，我一直在车里等了她很长时间就是因为她必须反复检查她的房间，"另一个 8 年级的学生兴奋地喊道。

艾琳坐着一动不动，脸很红，点头表示同意。"我就是不能相信我已经完成某件事。"她温顺地回应着因此事而早有怨言的好心的朋友们的一连串批评。

当讨论仍在继续并转变了主题的时候，我获得了有关艾琳的信息，并把它记下来供日后研究。

第二天，我把艾琳叫到一边，告诉她我有一些方法可以帮助她。我首先向她解释这是由于她的听觉—动觉偏好，她看到了卷发棒关了并不能给她一种完成的感觉。我教她做两件事。首先，我告诉她当她关掉卷发棒之后，必须大声对自己说，"做到了，艾琳！"或者"干得好，艾琳！"至少刚开始她必须用自己的名字并且大声地喊出来。其次，她必须在对自己说话的同时做一个动作以表明已经完成，她可以鼓掌或者运用电影《小鬼当家》中的手势。

艾琳在那天晚上开始使用这种方法，这是早在1993年11月发生的事情了。当这本书写好的时候，艾琳再也不必检查卷发棒、收音机或其他任何东西是否关掉了。在她刚开始运用这种方法两周后，她已经知道如何用适当的强化来实现这一良性循环了。

这种方法也被应用到了艾琳的学习之中，她现在知道什么时候自己明白了。当她准备测验以及正在参加测验时，她都会给自己类似的强化。在她发现如何说服自己之前，她从未有过真正回答完问题的感觉。对于艾琳而言，这种外在的信服最终变成了自己内在的确信。

差异化教学的各种途径

创造学习模式是课堂差异化教学的一种方法。我认为它是一种更为重要的方法，这是因为它与记忆直接相关，这里我不再赘述记忆。

教育情境中的记忆经常让人生厌。但是，记忆是学习所必需的，而且我发现大多数教师都渴望学到一些记忆策略以用于学生身上。通过应用与大脑中具体的感觉通道相联系的策略，教师可以帮助学生建立联系，教给他们终身学习的技巧。

不同的尝试

1.玩反击战斗王（Simon Sez）就是一个包括所有感觉在内的不错的方法。有趣的是，那些视觉偏好者最有可能犯错误。这是一个很好的方法，可以让学生看到运用所有感觉的重要性。

2.思维导图（Mind mapping）是另一种运用视觉—听觉—动觉（VAK）的很好的方法。让学生在小组中为复习创造出思维导图。这可以让听觉偏好者谈论，动觉偏好者走动，视觉偏好者看到大量的词汇和符号，是一个很不错的复习工具。

离场券（Exit Card）

描述你学到的有关感觉通道的 3 个内容。

描述你学完本章后会应用的 2 种方法。

描述"翻译者"。

第三章
不同学习风格的差异化

唐娜·沃克·泰尔斯顿

　　要帮助学生懂得如何才能取得最佳的学习效果。可以先对学生的多元智能或偏爱的学习模式进行评价，然后告诉他们如何利用这一信息克服与自己的学习风格或偏爱模式不匹配的作业中的困难，如何寻求帮助，如何适应自己的学习、做笔记乃至学习任务本身，以更好地满足学习的需求。

——杰克逊（R.R.Jackson）

　　现在我们知道上个世纪人们关于大脑的某些观点是不正确的。例如，我们曾经认为智力是固定的、不可改变的。最新的研究让我们知道了智力在人的一生中都会发生变化。的确，在我们出生时大约一半的神经系统就存在了，这是我们作为物种生存下来的理由之一。正是这种神经系统使我们能够呼吸、吃饭、喝水、吞咽、学习语言、领会世界。但是正如詹森（Jensen，2006，p.8-9）所指出的，"这些连接确保婴儿能够吃饭、呼吸、对环境做出反应。但是它们不是固定的，有些会由于不使用而枯萎，而有些会因不断地使用而生长。大脑会生成新的神经细胞，也会失去神经细胞；建立新的连接，也会失去其他连接，所有这些都是基于我们的经验。"又如多伊奇（Doidge，2007）所阐述的，"神经重构的研究表明，每一项持续的映射活动（包括身体活动、感觉活动、学习、思维和成像）都会改变大脑和心智"。（p.288）基于我们的兴趣、健康和学习的愿望，这种神经系统的修剪活动会伴随我们的一生。

众所周知，新的学习中大约 98% 会通过感觉（主要是视觉、触觉和听觉经验）进入大脑（Jensen，1977）。味觉和嗅觉也是有用的学习通道，但在课堂中用得不多。大多数人都有学习方式的偏好。例如，有些人愿意通过聆听、讨论和记笔记来学习，而有些人需要看到信息，有学习的视觉表征时能够学得更好，还有些人更愿意在做中学。有些学生会说，"告诉我信息，让我去做吧。"

人类大脑的可塑性（即对于不同刺激会持续发生改变的方式）对于形成偏爱的学习方式有促进作用。根据斯普伦格（Sprenger，2002）的观点，这些偏爱或优势可能通过积极的经验而发生。"我们以最容易、最快捷的方式使用神经网络来解决问题。当我们持续使用那些相同的神经元时，连接就会变得更加强大。因此，如果一个听觉学习者从倾听和对话中获得积极的结果时，他（或她）就会持续使用这种偏好，而且这种模式会因使用而加强"。事实上，强有力的证据表明，那些所谓的"慢"学生要获得成功，就必须用最适合他（或她）的模式重新做（Jensen，1997）。

昔日的学校，讲课是主要的教学方法。这种方法假定学生通过听来学习，然而关于大脑的研究告诉我们，大多数人并非以听的方式来学习。只有 20% 的学生通过听来学习，其余 80% 或通过视觉，或通过动觉来学习（Sousa，2006）。尽管讲授在某些课程中占有一席之地，但它只应该在短暂的片段内使用（15 分钟或更短），这要取决于学生的年龄。我们很难相信不断受到多媒体世界刺激的学生可以每天被动地坐着听讲、记笔记、准备纸笔考试而不分心。生活并非吸引观众的体育比赛，它是主动投入的活动，而教育应该反映这种主动的投入。

我们与生俱来就有惊人的学习能力以及让这种能力发挥作用的神经系统。假如你是在 20 世纪早期出生的，那么你可能主要是靠听、读和谈论来生活。收音机是获取国内信息和娱乐的主要途径，读书也是教导、学习和娱乐的方式。如果幸运的话，你可以在家里弹奏钢琴、欣赏琴声。听声音时大脑会产生兴奋，因此基于阅读和倾听的教育方案对你来说是适合的。

如今的学生自出生起就生活在多媒体世界中。他们不仅仅需要听，而且需要参与；他们不能只是静坐着，而是要动起来。三岁的孩子就可以展示简单的计算机技能。那么，我们为何还要认为今天的学生整天坐着听讲会成为快乐的学习者？他们不会好动得让我们发狂，他们的大脑渴望参与。马克·普连斯基（Marc Prensky，2006）认为，现在的学生到 21 岁时，他们将会玩 10,000 多小时的视频游戏，收发 25 万封邮件和文本短信，接受 500,000 份广告。我们怎能期望他们在没有活动和互动的情况下主动参与课堂活动呢？

在马里恩·戴蒙德（Marion Diamond，Scheibel，Murphy，& Harvey，1985）主持的一项研究中，把幼鼠和成年老鼠放在同一个有老鼠玩具的笼子里，戴蒙德认为这是一种刺激丰富的环境，有研究表明，这种环境会促进大脑的生长。在该研究中，年龄较大的老鼠不给幼鼠使用老鼠玩具的机会，结果是成年鼠长了树突，幼鼠却没有长。戴蒙德得出结论，"仅仅让学生置身于丰富的环境是不够的，我们还需要帮助他们创造环境并且让他们在环境中活跃起来。"

为了更好地理解学习是如何发生的，我们需要考察大部分新知识生成的程序。如图 3.1 所示，感觉或模式带给我们的大脑新的知识和经验。请注意，总的来说大脑会过滤掉输入刺激的 99%。这种现象有利的一面是如果我们注意到了所有的输入刺激，我们将会产生恐惧；不利的一面是我们希望学生记住的一些信息却会丢失。

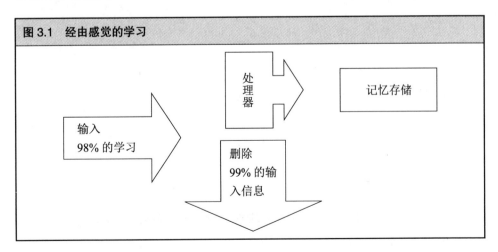

图 3.1　经由感觉的学习

听觉型学习者

听觉型学习者是那些当他们聆听和讨论信息时记忆最佳的人。听觉信息被加工并存储于大脑两侧的颞叶（Jensen，2006）。听觉型的学生在课堂中大约占20%。他们喜欢听讲，能够很好地适应听课，并且在传统的学校中往往是成功的。不过，为了让信息对听觉型学习者有个人的意义，就需要由学习者讨论或说出来，只是听或记笔记是不够的。笔者曾论述过动机在一定程度上基于学习者的信念，即信息具有个人意义。对这些学习者而言，给予他们时间向自己表达或彼此交谈时意义才会发生。

正如我在别处提到的（Tileston，2004b），听觉型学习者通常具有如下特点：

- 喜欢交谈，在与同伴谈论或表达意见的活动中会有乐趣。
- 引人发笑。
- 擅长讲故事。
- 可能有多动症的迹象或在精细动作的协调方面表现较差。
- 通常喜欢聆听活动。
- 容易记住东西。

斯普伦格（Sprenger,2002）提供了其他一些可以帮助识别这些学生的信息。课堂中的听觉型学习者可能具有下列行为方式：

- 当你讲话时他们可能会朝窗外张望，但是能够完全意识到所讲的是什么。这样的学生不需要为了学习而注视教师以形成一种视觉情境。
- 他们喜欢交谈和讨论。在他/她有机会与别人或自己讨论时，学习才会变得有意义。事实上，听觉型学习者默读时嘴唇可能会动。
- 如果没有机会进行口头活动，那么让他们长时间坐着会有困难。

还有一点重要的补充是，尽管这些学生通过听觉的学习效果最佳，但是简单的演讲形式也会让他们厌倦。苏萨（Sousa，2006）等人的研究表明，我们都会在演讲进行了 15 或 20 分钟后分心。对于年幼儿童来说，分心的时间相当短，大约为 10 分钟。目前的数据表明，对成年人和儿童来说，这些数字可能会略有下降，这是受"瞬间呈现一切"（instant everything）技术的影响。例如，我们曾经说过，可以用儿童的年龄来测定他（她）能够一次听多久，即 6 岁的孩子大约可以听 6 分钟。不过，研究证据也指出，倾听的时间跨度正随着技术成为我们日常生活的组成部分而缩短。

苏萨指出，工作记忆是暂时的，并且在决定是否丢弃信息前处理信息的时间很短。正如我在前面谈到的，青春期前的儿童一般的时间跨度是 5～10 分钟，青少年是 10～15 分钟。根据这一观点，中学教师应该用大约 15 分钟的时间来介绍知识，随后用活动或讨论来强化学习，小学教师应该以 4～7 分钟为参考。苏萨把教学环节称为"黄金时间"。她认为，在课堂的最初 20 分钟内，学生的学习效果最佳。因此，教师应该在这段时间内教授新的、重要的知识。图 3.2 说明了教师应如何利用这些学习节奏来促进学生的学习。

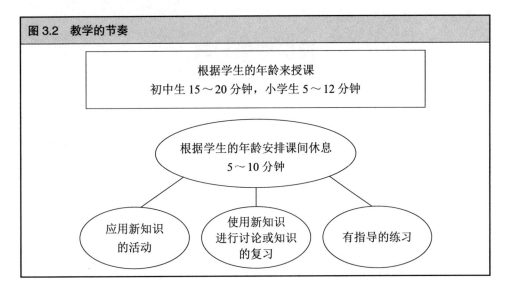

图 3.2　教学的节奏

根据学生的年龄来授课
初中生 15～20 分钟，小学生 5～12 分钟

根据学生的年龄安排课间休息
5～10 分钟

应用新知识的活动　　使用新知识进行讨论或知识的复习　　有指导的练习

教授听觉型学习者

差异化教学并非意味着教师必须用几种方式来教同样的课，而是指应该应用各种不同技巧；差异化教学还意味着对于第一次没有学会的学生，第二次要用另一种适合该学生的不同方式。詹森（1997）指出，对于学习慢的人，我们只有使用最适合他们的模式教授时他们才能学会。

对于听觉型学习者可以尝试以下建议（Tileston，2004c）：

· 运用直接教学，教师通过应用陈述性(学生需要知道的知识)和程序性(学生对于学习可以做的）目标来指导学习。

· 运用同伴辅导，通过学生之间的互助来体验学习。

· 设计将音乐整合在内的活动。

· 运用小组讨论、头脑风暴和苏格拉底式研讨活动进行教学。

· 布置具体的口头活动。

· 学习时用言语表达出来，包括教师和学生的自我对话。

· 运用合作学习活动，为学生提供互动的机会。

视觉型学习者

第二种学习类型是视觉型。视觉信息是在大脑后部的枕叶加工和存储的。视觉型学习者需要一个他们能够看得见的心理模型。正如我在别处谈到的（Tileston，2004c），视觉型学习者具有下列特点：

· 在理解口头指示方面有困难；

· 记住名字可能有困难；

· 喜欢看书或画画；

· 注视说话者的脸；

· 喜欢猜谜语；

· 注意细节；

· 喜欢谈话时使用视觉形象的教师；

· 喜欢使用非语言的组织者。

我确信，如果我们能够找到一种方式告诉儿童数学的原理，那么我们就能够提高全国的数学成绩。既然大多数学习者是视觉型学习者，我们就需要找到能够从视觉上告诉他们数学原理的方式。当我和听众在一起时，我让他们尝试解决下列问题：如果 5 个人相互握手，会握多少次手？可以用一个公式来找到答案，听众中数学好的人会很快用数学方法找到答案，但是我喜欢用视觉的方式来展示答案。我的视觉答案如下图（见下页"一种视觉化的数学解决方法"）所示。左侧的全部加在一起就是握手的次数：4+3+2+1+0=10。

顺便说一下，公式是 $(x)(x-1)/2$。

一旦我们理解了它的原理，在遇到"在当地的杂货店里有 100 个人握手，会握多少次手"这样更复杂的视觉化题目时，就不觉得发怵了。

使用非语言的组织者

对视觉型学习者来说，最有效的工具之一就是非语言的组织者。这样称呼是因为它依赖于结构而非许多传达意义的词汇。这些组织者会帮助学生理解和记忆难懂的概念，如序列、对比、比较和分类。尽管对任何学生而言这都是一种好的教学策略，但对于视觉型的学生而言它们是重要的工具。

中州地区教育实验室（McREL）对有关课堂中最有效的教学策略的研究进行了评判。他们设置了一个控制组来检验这些研究（元分析）以确定当前的策略是否对学生的学习有效，效果有多大。尽管这项研究还在进行之中，但是关于使用非语言组织者的元分析研究是很重要的。研究发现，当教给学生非语言组织者并且学生合理使用时，学生的成绩普遍会提高几个百分点。例如，如果一个班

一种视觉化的数学解决方法

我们将 5 个人分别定为 A、B、C、D、E。A 不会与自己握手，所以他握手的人：

A+B

A+C

A+D

A+E

这是 4 次握手。

B 已经和 A 握过手了，而且也会不与自己握手，所以

B+C

B+D

B+E

这就增加了 3 次握手。

C 已经与 A、B 握过手了，也不可能与自己握手，所以

C+D

C+E

这就增加了 2 次握手。

D 已经和 A、B、C 握过手了，也不会和自己握手，所以，

D+E

这是 1 次握手

E 已经和 A、B、C、D 都握过手了，他也没和自己握手，

因而这是 0 次握手

资料来源：Donna Walker Tileston. *How Brain Research and Learning Styles Define Teaching Competencies,* Third Edition, Thousand Oaks, CA: Corwin, www.corwin.com.

的平均水平是在第 50 个百分点，将非语言组织者整合进学习时，班级平均分会移到第 79 个百分点，那就是失败（50）和成功（79）之间的区别（Marzano，2001b）。

我们可以把非语言组织者有效地整合进课堂学习中以达到多种目的，列举如下：

1. 帮助学生将新知识与先前的知识联系或关联起来。由于这些组织者使抽象的概念形象化，它们可以帮助学生理解和记忆那些难以视觉化的概念。对于理解抽象概念有困难的小学生，可以通过学习使用一套能将抽象变具体的视觉化模型来学习。我相信我们可以通过给学生提供具体化的模型来帮助他们获得操作难度大的技能，从而提高学生在标准化测验中的成绩。选择学生已知的信息，将其置于具体的模型中，这样学生能够更轻松地将抽象的观念迁移到具体的想法中。图 3.3 就是一个心理地图的示例，描绘的是在学生学习新知识前已有的某一主题的知识。当增加新的信息时，心理地图就会增加连接新知识的通路。

图 3.3　使用不同形状的心智地图

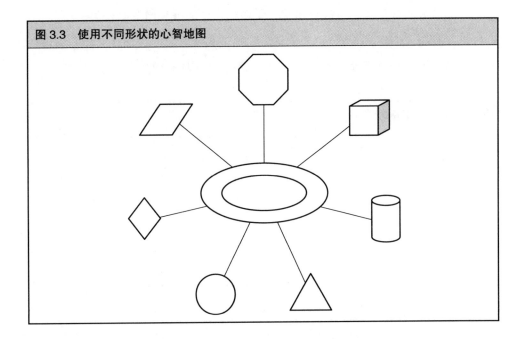

资料来源：Donna Walker Tileston. *How Brain Research and Learning Styles Define Teaching Competencies,* Third Edition，Thousand Oaks, CA: Corwin, www.corwin.com.

2. 帮助学生创造理解知识所需要的心理模型。你是否曾经在读完书中的一页后意识到对刚刚所读的内容一无所知？也许当你的眼睛浏览该页时，你正心不在焉，或许是由于你阅读时文字密度太大而难以获取意义。对于学习困难的学生而言，课堂体验可能就像阅读或聆听没有意义的词汇。帮助学生理解知识的方法之一就是帮助他们创造学习的心理模型。尽管目前市场上可能会有成千上万个不同的组织者，但是我发现它们仍然可以被归为类似于马拉扎诺（2001a）所描述的一般形式，如下所示：

描述模型是类似于心智地图的组织者，可以用来描述或提供事物的关键特征。

序列模型是可用作时间表的图形组织者。

过程／原因模型（有时称作鱼骨图）可以使使用者在已知结果时确定事物的原因。例如，学生可能会用鱼骨图组织者来分析二战的原因。

问题／解决模型在上面提出问题，下面提出可能解决问题的办法。

概括模型是当我们想要提供某一原则的信息时所用的。图3.4就是该模型的一个示例。我们在所举的例子中考察的是学习动机的问题。

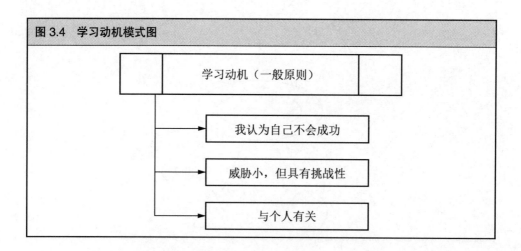

图 3.4　学习动机模式图

学习动机（一般原则）

我认为自己不会成功

威胁小，但具有挑战性

与个人有关

资料来源：Donna Walker Tileston. *How Brain Research and Learning Styles Define Teaching Competencies,* Third Edition, Thousand Oaks, CA: Corwin, www.corwin.com.

3. 帮助学生使用信息。非语言组织者可以在学习过程中的任何时间段使用，但在教师想让学生以某种方式使用该信息的课程阶段更为重要。这是评价前学生和教师澄清观念的时机，是教授真实世界实际应用的很好的方法。要求学生通过展示将新的知识应用于实践的方法来证明自己的理解。

4. 介绍难懂或抽象的概念。古老的谚语所说的"一张图片胜过千言万语"绝对是正确的。许多学生在解决逻辑问题上有困难，而矩阵有助于将复杂技能变成操作性更强的视觉工具。

5. 对学习进行评价。我们不必让学生列出学习项目，而是让他们选择一个心理地图。例如，你可以提出这样的要求："用心理地图将我们今天在科学课上讨论过的关键点回忆出来。"

6. 作为个人或小组计划的一部分。例如思维导图、流程图或属性网。当我们在应用水平或更高水平上使用这些工具时，它们可以作为学生完成项目的重要成果。

7. 展示创造性。视觉型学生一旦接触视觉模型，他们就会轻而易举地给模型进行创造性的或精细的加工。

8. 描述事实与概念之间的关系。例如原因—结果、鱼骨图以及维恩图就是描述关系的心理地图。

9. 生成和组织写作的想法。心理地图和直观化地图是帮助学生写作前组织想法的很好的工具。

10. 建立新旧知识之间的联系。对于一个新的单元，激活学生的既有知识，并将这些经验应用于将要获得的新知识中。例如，在开始讲授关于探索者单元前，询问学生是否曾经设定了一个目标，在获得目标过程中是否有困难。让学生将他们克服困难的过程用心理地图呈现出来。

11. 储存和恢复信息。我喜欢的一种视觉方式就是采用词汇表中的词（包括其他语言中的那些词）来绘制图像以将单词的意义符号化。视觉型的学生在从头脑中恢复信息时将会看到图像。

12. 评价学生的思维和学习。要求学生将章节或课堂中的关键信息心理地图化。

13. 描述事实与概念之间的关系。使用矩阵有助于学生从一般概念之中找出联系以确定哪些是事实，哪些不是事实。

教授视觉型学习者

与视觉型学习者一起工作还可参考下面一些想法：

· 教学时运用视觉化的手段。记住，这些学生需要"看到"所学的内容，这样学习才有意义。

· 直接教会学生使用视觉化的组织者，并且提供足够的练习，以便学生能够熟练掌握这一过程。

· 给学生展示学习中的模式。记住，大脑喜欢模式，而且正是这些联结组成的模式有助于提高我们的理解水平。

在任何时候我们都可以帮助视觉型的学习者用视觉看见信息，帮助他们更有效地加工，而且我们提供了一个连接器（connector）使得他们能够更有效地从长时记忆中恢复信息。你是否曾遇到某个学生在考试当天对你说："我知道自己是知道答案的，只是想不起来了。"真正的事实是答案可能存储在长时记忆中，但那个学生缺少一个连接器或语言技能（对英语学习者而言）来恢复它。存储事实性知识的语义记忆系统最不可靠，需要一个连接来帮助学生恢复信息。否则，就像在当地的一个书店里逛，发现书架上的书是随机摆放的，你必须搜索整个书店以找到所需的书。

动觉型学习者

第三种学习模式是动觉学习型。动觉信息存储在大脑顶部的皮层运动区直到永久习得，然后存储在枕叶下面的小脑区域（Jensen，1998）。动觉型学习者通过动作和触摸能取得最佳的学习效果。在前面的握手练习中（见前文图框），动觉型学习者通过与其他 4 个人握手并计算握手的次数来解决问题。

正如我在别处谈到的（Tileston，2004c），动觉型学习者可能具有以下特点：

· 需要活动的机会；

· 想去触摸、闻、品尝各种东西；

· 想与邻近的人接触；

· 动作技能通常不错，可能会很活跃；

· 喜欢拆开东西看看它们的工作原理；

· 与同龄人相比可能显得不成熟；

· 可能是过分活跃的学生。

教授动觉型学习者

根据斯普伦格（Sprenger，2002）的观点，动觉型学习者具有下列特征：

· 需要动手活动。如果没有机会做点什么事情，那么学习就会没有意义。

· 对身体的亲密和身体上的奖赏（如拍拍背）会有反应。

· 在传统的环境下可能会有纪律问题。

· 可能会猛然跌坐在座位上（房间的舒适度对他们来说很重要）或在传统的课堂里会摇来晃去。

给学生提供外出的机会，进行田野调查或角色扮演。此外，无论什么时候，只要有可能就给他们提供在课堂里四处活动的机会，改变小组，或只是让他们站起来。有句古老的谚语——"站着思考效果更好（we think better on our feet）"——绝对是正确的。当我们站着的时候，流向大脑的血液就会增加，因而会学得更好。利用这一点，可以让学生在课堂上站着回答问题，或相互讨论。

在课堂上提供活动的机会能使这些学生在行为和学习方面产生巨大的差异。为满足动觉型学生的需要，可以尝试下面的建议：

· 使用动手的学习方法。

- 提供活动的机会。
- 适当的时候可以运用模拟。
- 将音乐、艺术和动手操作加进来。
- 讲课过程中要休息，使课程成为可以操作的组块（应该遵循的一条就是跟学生讲话的分钟数只能等于其年龄，也就是说与 10 岁孩子的谈话时间为 10 分钟）。
- 适当的时候使用发现学习。
- 在小组讨论或合作学习中应用这些技巧，使这些学生有机会四处走动，能与同伴谈话。

对成功的评价

表 3.1 呈现的是让所有学生（不管是听觉型、视觉型还是动觉型）获得成功的有效教学的常见指标。

表 3.1 针对不同学习风格者采用各种教学策略的课堂指标	
评价工具	**成功的指标**
教学时间	遵循大脑的规律，在 15 分钟或更短时间的教学后，让学生做一些与学习有关的事情，初中生 5～10 分钟；对小学生而言教学大概在 10 分钟之内，随后提供机会进行新的学习。
课程计划	说明学生站着、走动、田野调查和考察环境的机会。
课程计划	说明使用的各种视觉化工具。
学生项目	说明视觉、动觉和听觉学习的各种选择。
教学实践	所有的重新教授的完成都要以学习者偏好的模式为先决基础。

结　论

　　尽管我们都会使用三种模式来记录信息，但是大多数人还是对某一种模式的偏爱胜过其他两种。苏萨说过，教师需要知道不同感觉偏好的学生在学习中会有不同表现，而教师倾向于按他们自己的方式进行教学。这在某种程度上可以解释为什么很多学生在某个老师的课堂上学习困难，在另一个老师的课堂上却学得轻松。学生对学习不感兴趣或不想学习，事实上可能仅仅是因为他们不适应教学方法，或者课堂里教师仅仅重视一种模式。源于三种模式而创设了多样化的教学技巧的课堂，将会使高质量的学习成为可能。

第四章
数据驱动教学的课程方法

格利·格雷戈里
林·库兹米奇

课程地图与数据驱动教学

以问题为基础的数学教学给许多地区带来一个艰难的范式转换问题。在科罗拉多的一个地区，初中教师在学习这种新的方法后，让学生以小组为单位来解决复杂问题。在初中教师接受培训后不久，高中教师也开始学习这些方法和课程。

小学数学的评价结果相当不错，因此课程和学习方法不再调整。不过，该地区指出，在中学七八年级，学生的分数一落千丈，且在高中阶段持续下滑。尽管研究结果认为该方法也适用于中学生，但是该地区的领导开始质疑方法的适用性。另外，本地区的工作人员也感到困惑，因为在科罗拉多六条标准中每一条都会出现"问题解决"的字眼，并且该州的数学评价项目也是以问题为中心的。

基于课堂的数据也表明中学阶段的问题在增多。当按照标准（standard）与基准（benchmark）对本州的评价数据进行分解时，就出现了分歧。尽管小学阶段的总体效果不错，但成绩最高的部分是"程序数学和对数字的初始理解"。某些标准中要求的更高水平的推理（如概率和统计）分数，在各个年级段参差不齐。该地区发现，当小学课程未能随着初中和高中的课程一起调整时，就会出现混合效应。课程的纵向联系是基于标准的环境中的关键要素，在这种环境中，参考数据有助于形成各个水平所需要做的调整。这类调整通常会在地区层面上而非课堂层面进行。我们需要不同年级水平之间保持纵向一致，也需要在我们所教授的内容层面上进行横向结盟。

课程地图（curriculum mapping）的其他重要组成部分包括课程期望学生进行成果展示的顺序和发展难度。海蒂·海因斯·雅各布斯（Heidi Hayes Jacobs，1997）在该领域做了大量的工作。

课程问题常常具有"灰尘黏合剂效应（Dusty Binder Effect）"。当我们精心制作了包含所要传授的知识的信息手册，并把这个手册交给新教师，或者含糊地提及有这样的材料时，这种问题就会出现。雅各布斯提出了一个更容易理解的课程地图，还提出了一个很好用的像某些公司所做的电子版的课程地图，以便地区的工作人员做调整时更加容易。

评价结盟是这一过程的另一个优点。把标准、选拔性评价的数据分析结果与课程地图紧密联系起来是必要的。这种地图可以集中完成，以便教师在课堂层面的计划中知道从何开始。

实施差异化课堂计划的第一个层次是单元计划。单元计划可以是单一的内容板块，也可以将不同内容板块的概念和技能整合起来。在本章，我们将来自多种渠道的课程地图方法应用于一种课堂单元计划法中，该方法有助于进行差异化教学，而且增加了一些要素来考虑关于学生的形成性资料。这种按单元来思考的方法使我们在制定下一步的课程计划时更为容易，同时也使差异化的决策成为计划过程中的常规组成部分。

在开展任何课程和活动之前，教师从单元计划的角度来思考都是很有必要的。单元计划有助于教师将整个计划过程与学生在最终单元评价中的成就结合起来。这个过程也能使所有的计划与州、地区确立的标准或年级基准保持一致。

标准单元计划：以数学单元中 3—5 年级的 调查数据分析和概率为例

标准和基准

　　无论能否得到地区的课程指南和序列，所有的单元计划都是以标准和年级水平的期望为出发点的。在各个国家或地区，对年级水平或课程期望的叫法不尽相同。在加拿大的安大略湖，它们被称作期望（expectations）和指标（indicators）；在科罗拉多，它们被称为标准（standards）和基准（benchmarks）；在其他国家，它们是学习期望（learning expectations）。在本书中，我们将用"标准"这一术语表示政府机构所确立的首要或长期目标，用"基准"或"期望"说明（年级或课程）发展的具体要求。

　　首要任务是确定哪些基准或年级水平的目标能够使学生对特定的单元负责。最好不要使用细目清单，而是选择能够反映学生的学习处于熟练水平的基准。

　　例如，美国的国家数学标准中"数据分析和概率"包含了四个标准，每个标准在年级水平范围内又有 1 到 6 个期望。如果一个老师选择了 3—5 年级的四条标准，那么就会有 11 个期望。哪些期望被采用，哪些是再次出现而且可能需要评价以达到熟练水平？哪些期望对于单元来说是次要的？教师需要挑选出被评价的期望，并且精心选择出被评价的那个期望，以确立本单元真正的重点。在本章中，我们会举例说明如何在抽样单元中完成这些工作。

能力标准的分解

　　道格·李维斯（Doug Reeves）和拉里·安斯沃思（Larry Ainsworth）（Reeves，2000）对能力标准进行了讨论，这在许多地区产生了影响。这些标准对于达到任何特定水平的熟练程度和进一步提高水平都有最重要的影响。运用能力标准并且将这些标准加以分解来建立单元计划和对单元的最终评价，是促进学生成长和取得成就的基本步骤（Ainsworth，2003a）。计划中的这些步骤对于以学生为中心的标准导向的课堂非常重要，因此，如果没有重点，学生的成长将会受到影响。如果某个教师或教师团队只是列出 15 个基准或一系列表示或代表期望的数字，就会与那些精心选择、有明确目标的教师有很大差距。

小学和初中的单元计划方法

小学和初中采用的单元计划方法是有差异的。许多小学教师（尤其是低年级教师）经常将各个单元中的每一项阅读和写作的标准罗列出来。由于人们把读写技能视为不断进步的科目，因此单元计划在这些年级可能不是常规任务。然而，许多优秀的小学教师通过选择一个能体现学习期望和评价的主题或话题来促进学生的学习。脑科学及其他领域的研究表明，关联性和情境是高思维水平的关键（Parry & Gregory，2003）。在所有水平和内容领域，如果你对标准和期望进行了审核，然后决定在什么情境中去教，那么对学习单元的思考就会更为容易。

材料和活动

我们长期以来一直接受的培训是遵循教师指南，采用出版丛书，按部就班地使用某个指定范围和顺序。在每一个年级这种情况（包括现在）都是真实存在的。之后这些材料就会成为实际的课程。在一个基于标准和学生学习的数据导向环境中，这种方法不可能让学生取得最大的进步。一门课程的教学计划必须以标准和期望为基础。公开出版的材料是单元中可以使用的资源，但事实上这并非真正的单元。

我们中的一些人接受的训练就是要设计出有吸引力的活动，关注特定的动机问题以及学习风格。在基于标准运动的初始阶段，当一些人放弃了教师指南时，我们可能会对自己所认为的真正任务矫枉过正。不过，一系列有或没有评价标准的令人愉快的活动都不能构成一项单元计划，或者说是对单元计划有意义的评价。

差异化的支持

当我们获得大量有关学生发展的证据的时候，我们会担忧改革的努力可能无法获得所需的回报，尤其是对某些人来说。不过，世界各地依然有少数成功事例可供研究和效仿。我们知道，拥有均衡的课程、经常性的细致评估、深思熟虑的计划和对话经验的学校，要比由出版社导向的或基于活动的课程发展得好。随着小组成长的推进，我们也必须在差异化的计划方面做得更好。如果我们能针对学生的需要做一些细致的、精心选择的前期工作，那么我们在资源方面和组织活动方面的工作经验就会派上用场。

单元计划必须考虑到地区、地方或国家对年级水平或课程的期望。一个地区在针对一个国家的历史课程中可以安排某些主要事件、民族、环境、政府结构以及存在的问题。在小学低年级的阅读中，随着对故事片段的了解或把重点集中于某种特定类型，我们会期望学生有一定程度的语音能力和理解能力。

开始一个单元计划时，我们需要知道在计划与评估中应该考虑什么内容。不过，我们必须再回到标准和基准上去真正了解这些广泛的学科领域的要求是如何被筛选的。基准提供了一个镜头，帮助我们聚焦技能展示的类型，这些是我们需要学生在单元课程中呈现出来的。我们讨论过如何在最终单元评价所要求的内容基础上确立重点并限制基准的数量。在讨论课程计划的时候，我们也会谈到其他更小的或隐含的技能。

关键概念

下一步就是要确定关键概念，它们是展示学习成效的基础。这些概念是标准和基准中陈述或隐含的大概念，需要回答下面的问题：学生必须知道什么以及能做什么？

让我们结合国家标准（表4.1）和关键概念（表4.2）来看一个数学中的例子。由于不了解具体的情境，我们可以尽量运用表4.2中列出的所有概念。事实上这也只是一部分清单。选择一个主题或情境作为关注某个单元的第一步是必要的，该主题常常取决于政府的要求或课程的性质。第二步可能会包括把你在头脑风暴清单中的概念标记出来或用星号标出，如前所述，这些概念必须在最终的单元评价中反映出来。

并非所有概念都要一视同仁，就像词汇表中的单词在复杂性上是有区别的，在历史课中，自由、公民权和选举行为是截然不同的。例如：

· 3年级的历史单元可能包括意识到投票是当地政府定期举行的活动。

· 8年级的历史单元可能包括一项评估，要求在两个或多个美国历史时期进行公民权利的演示或角色扮演。

· 10年级单元评估可能会让学生对几个不同地区的公民所体验到的自由度进行比较分析，或者让学生把自由作为整个历史的推动力来研究。

表4.1 3—5年级有关数据分析和概率的数学单元：国家标准
标准1. 从入园前到12年级的教学计划应该使所有学生能够明确地提出可以用数据来回答的问题，并且能够通过收集、组织和演示相关数据来回答这些问题。 对3—5级的期望： · 设计调查来解决问题，并且理解数据收集方法是如何影响数据设置的性质的？ · 运用观察、调查和实验来收集数据。 · 运用表格和图表呈现数据：如线条图、饼状图、线状图等。 · 识别代表类别的数值和代表数据的数值之间的差异。
标准2. 从入园前到12年级的教学计划应该使所有学生能够选择和运用适当的统计方法来分析数据。 对3—5年级的期望：

续表

·描述一组数据的形态和重要特征，并比较相关的数据，重点在于数据是如何分布的。

·运用中心点的测量方法，以中位数为重点，并理解每一个中心点对于一组数据而言能说明什么，不能说明什么。

·比较相同数据的不同表示方式，评价每种表示方式在说明数据的重要性方面效果如何。

标准 3. 从入园前到 12 年级的教学计划应该使所有学生能够在数据的基础上提出并评价推论和预测。

对 3—5 年级的期望：

·基于数据提出并验证结论和预测，进行研究设计以进一步对结论或预测加以检验。

标准 4. 从入园前到 12 年级的教学计划应该使所有学生能够理解和应用概率的基本概念。

对 3—5 年级的期望：

·描述可能或不可能的事件，并且使用诸如"一定""同样可能"以及"不可能"等词汇来讨论可能性的程度。

·预测简单实验结果的可能性，并能对预测加以检验。

·理解对某个事件可能性的测量可以用从 0 到 1 的数字来表示。

表 4.2　3—5 年级有关数据分析和概率的数学单元：与国家标准有关的关键概念的部分词汇

标准 1	标准 2	标准 3	标准 4
数据收集	数据形状（shape）	预测	一定
·数据	数据特点	推断	同样可能
相关	统计方法	结论	不可能
实验	·分析	研究	检验
调查	测量	·调查	·概率
·表格	中心	·证明	·预测
·图表	·中位数		
线条图	·比较数据的		
饼状图	重要性		
线状图			
类别			

因此，概念可以是发展性的。使用关键概念的另一方面可能是词汇和观点的难度有所不同，这使我们可以在同一单元内进行差异化教学。在最终的单元评价中，要求八年级的所有学生展示对美国自由的分析。

学生可以组成小组来探究投票和公民权的实施，或者通过具体时期和事件来阐释某些国家的自由度。

1. 进行投票的小组可以展示不太复杂的分析技能。

2. 参与分析公民权的小组可以在分析中对因素进行综合。

3. 两个小组都要探究更大更复杂的概念，如自由。

4. 他们可以分享信息或运用从这些小组中获得的信息来完成最终的评价任务。

在选择关键概念的时候，重要的是理解复杂性水平。较难的概念可能会为较简单的概念提供一个框架和类别。具有挑战性的、令人深思的概念能够帮助我们创建最后的评估，而较简单的概念能够帮助我们建构对单元内整个学习组块的理解。

单元技能

当我们依据标准设计单元时，技能是学生学习的证明，是为最终评价提供练习和学习所必需的，这是因为大多数州以及国家的标准都是按照较高水平的批判性思维来起草的。技能应当包括构成标准的期望或基准中出现的动词，以及在初始理解阶段给予学习展示的动词。

表4.3提供了一个在预测学生的偏好时我们如何采用关键概念并将其嵌入到单元技能的展示中的说明。我们已经确定了情境，我们会通过聚焦的方法将标准和年级范围的期望限制到概念和评价上。技能有助于我们描述学生需要在什么水平上展示这些概念。

表4.3　3—5年级有关数据分析和概率的数学单元：在关键概念和国家标准基础上让学生掌握单元技能			
关键概念：学生在学习本单元之后必须记住什么？能够应用什么？			
标准1	**标准2**	**标准3**	**标准4**
·数据 　表格 ·图表 　线条图 　饼状图 　线状图	·分析 ·中位数 ·比较	·调查 ·证明	·概率 ·预测
单元技能：学生如何证明他们能够学以致用？			
标准1		**标准2**	
1.学生设计调查研究来解决某个问题。 2.学生选择能够给他们提供所需信息的数据方法。		1.学生通过两种或更多的方法来描述数据，以帮助其他人理解和比较数据。 2.学生将演示如何使用中位数和平均数来理解和分析数据。	
标准3		**标准4**	
学生在收集数据和解释的基础上提出预测并证明。		学生预测结果的可能性，检验预测的准确性。	

　　技能并非说明一天工作的文字陈述或目标，技能的陈述会帮助我们将学习划分为组块或者对标准进行分解。我们可以根据一种或多种学习展示来制定课程计划。课程计划并非规定好每天完成什么活动，而是提供了形成背景所需的时间或天数，以及展示技能所需的练习。所有这些技能都会以某种形式、在某种程度上出现在最终评价中。现在我们需要形成那样的最终评价。

　　如果你没有通过课程地图对国家和地区的标准加以筛选的话，那么在对概念和技能的陈述进行计划时，国家和地区的标准常常会被混淆使用。如在俄亥俄州，每种期望都被拆成许多个很小的学习片段，我们将会采取不同的方法。

这种小的学习片段适合于课程计划和较大标题中的技能。记住：在单元计划中要将技能建立在长期的标准和学习标准的中间部分。短期目标、学习指标或基准最好能够与围绕单元内的学习组块建立的教学计划相适应。

关联性

学生需要与新的学习建立个人的联系，这有助于他们形成复杂的图式，也可以培养他们学以致用的高超技能。我们需要有"现实难题和问题导向"的学习体系（Silver，Strong，& Perini，2000，p.70）。在研究玛德琳·亨特（Madeline Hunter）、卡罗尔·卡明斯（Carol Cummings）以及1970年代以来有效教学的要素时，我们发现关联性是一个强有力的激励因素。此外，做好与现实相联系的准备工作能够使学生更容易接受新的学习。

尽管我们懂得需要将真实性作为评估与学习实践的组成部分，但是我们必须在单元中为此做好计划。以下是数学抽样单元中关联性的一个例子。

3—5年级数据分析和概率的数学单元：建立关联性

学生为什么必须学习这一内容？不同时间学习并加以应用的根据是什么？

学生需要知道如何在科学、数学、社会研究和经济学中使用、理解和表示数据。这些是21世纪重要的科技素养，毫无疑问也是有用的职业技能。学生可以通过回顾报纸的各种板块以及杂志中的数据描述来了解关联性。电视台网站中的一些观众收视率图也能提供关联性。重要的是学生能够看到他们所学的知识在日常生活中的应用。这种对图表的评论能够让学生以小组形式为本单元提供精彩的介绍。

建立关联性如同职业生涯中从学校到生活的定向一样简单，可以通过使用一个帮助学生说明技能在日常生活中的应用的提示或活动来完成。建立关联性的一种很好的方法是有意义的对话，即老师提出问题，并鼓励学生提问。网络搜索可以找到几乎所有的主题或为所教技能提供更好的想法。另一个资源就是使用特定内容领域的国家网站。当我们鼓励想象或者帮助学生看到其

他人的学习概念时，运用文学作品或者名言也能帮助我们建立关联性。有意义的学习是受人尊敬的，也会使学生看到可能性。建立关联性能够帮助学生进入现实世界的大背景下，也能使学生将即将开始的学习与个人生活联系起来。

单元评价

很多著作和文章都对如何建立可信的基于成绩的评价进行了阐述，也有关于单元最终评价的最佳类型。大多数有关如何确立最终评价的著述涉及以下内容：

· 好的提示和指导；

· 评分标准；

· 帮助学生达到熟练程度的范例或模板；

威金斯和麦克泰伊（Wiggins & McTighe，1998）、斯蒂金斯（Stiggins，1997）、里夫斯（Reeves，2000，2003）等人详细描述了如何设计基于标准的最终评价。为了差异化及使用数据的目的，我们更关注形成性评价，因为对于成绩评价我们还有其他可用的资源。

单元计划的第二步是对单元计划的最终评价进行一个简单的描述（见"3—5年级数字单元的数据分析和概率：最终单元评价的描述"）。不管你选择了哪种评价成绩的方法，它都会指导和调节你的工作。最终评价会问这样的问题：本单元如何展示学习成果？在对评价进行描述之后，我们会形成一个提示（见"3—5年级数字单元的数据分析和概率：最终单元评价的提示"）和一套评价标准（表4.4），使我们能够展示基于标准的技能和概念。

3—5年级数学单元的数据分析和概率：最终单元评价的描述
最终单元评价的描述

单元标题：调查表明……

学生将调查同伴和员工的娱乐偏好。在这个过程中，学生将对以数据支持的调查结果进行分析和报告，并且选择一种报告方法来说明他们对数据的使用、预测和分析。一套评价标准和指南会对学生的学习与评价提供支持。参见最终评价的评分标准和指南。

3—5年级数学单元的数据分析和概率：最终单元评价的提示
最终单元评价的提示

单元标题：调查表明……

我们将要对学生和员工在闲暇时间喜欢进行什么形式的娱乐进行调查。你可以选择人们喜欢的偏好来进行调查。请遵循下列步骤：

1. 设计一个你要提问的问题来收集有关喜好的信息。

2. 在各个年级至少要调查25个学生。

3. 创建一张表和一幅图来表示你的结果。

4. 用中位数和平均数来总结你的结果，以帮助读者理解这个结果和数学术语。

5. 对接下来的25名学生会怎样回答问题做出预测（从每一个年级抽取相同数量的学生，就像第一次调查一样）。

6. 显示另一组数据。

7. 现在比较两个调查结果，并确定你在第五步的预测是否准确。

8. 选择一种方法来分享你是如何呈现数据、预测和分析的。务必能够用数据来支持你的结论。

9. 使用评价标准来帮助你制订计划、思考工作。

谨记：

· 在你所有的工作中要使用正确的语法、用法、标点符号和拼写。

· 你可以使用计算机来创建表格和图表，或者把它们工整地写下来或画出来。

关键概念	高　级	熟　练	部分熟练
表4.4　3—5年级数学单元的数据分析和概率：评价标准			
1. 图表和表格中的数据	表格和图表容易解释，包含标准和能够清晰回答问题的数据。	表格和图表是准确的，有标准，能清晰地呈现重要的数据。	表格和图表有标题，且容易看懂，是准确的。
2. 中位数和平均数	学生用中位数和平均数来得出结论，做出预测。	学生在数据说明中解释中位数和平均数的结果。	学生报告中位数和平均数。
3. 调查过程和问题	学生能够解释他们使用的过程，能够提出有助于进行分析的访谈问题。	遵循步骤，提出访谈问题，帮助学生收集数据。	遵循步骤，访谈问题能考虑到任务，是合乎逻辑的。
4. 预测和证明	学生基于数据做出预测，并且能用第一阶段收集数据的步骤来证明自己的预测。	考虑到第一阶段收集数据的步骤，预测要合乎逻辑。	预测包含了第一组数据的元素（词汇）。
5. 分析和分享	学生描述数据集合相似或不相似的原因，以及导致那种结果的原因。　学生分享他们的结论，使同伴能够用平均数和中位数得出相似的结论。	学生比较两组数据，并描述预测的准确性。　学生分享这一信息，使同伴得出相似的结论。	学生描述最终收集的数据，以及它是否与预测相吻合。　学生清晰地分享这一信息。　学生对表格和图表加以分享，使同伴能够核查数据的准确性。

　　在设计最终评价时，要收集或形成范例或模板。请记住：左边一栏要以概念为基础，而非单元评价的说明或评价。提示和评价标准的范例可以复杂，也可以简单，这要根据学生处于什么年级水平来定。虽然没有对评价标准进行差异化，但是评价的差异化还是有可能的。这有助于教师与年级水平或课程期望保持一致。

单元计划的关键问题

关键问题和更高水平的思维

问题是使思维水平向更高层次提升的基础。琳达·艾尔德（Linda Elder）和理查德·保罗（Richard Paul，2002）指出，"一名优秀的思考者往往是一个善于提出问题的人"（p.3）。在基于标准的差异化课堂中，提问对于教师和学生来说都是一个关键的要素。一个两三岁的儿童会提出许多让父母感到棘手的问题，孩子提问的频率以及问题的类型是直接与孩子获取的知识相对应的。优秀的读者能够通过不断地向自己进行无意识的提问来主动构建意义（Healy，1990）。由于大多数州和地区的标准具有一定的挑战性，而且积极的探究习惯会对人的一生都有影响，因此有必要营造这样一个课堂，使提问成为学习的常规方法。

指导学生学习某个单元时丰富的、有意义的问题可以为学生创造思考的条件，这些思考应渗透于整个单元之中。当我们使用这些策略时，学生将会做出更多的思考。教师将其作为课程和单元的常规组成部分加以示范，告诉学生这样的期望是被接受并受到鼓励的。对成人和儿童学习者来说，有意义的学习规则包括以下几点（Kuzmich，2002）：

· 教师所提问的内容正是他们想要的。

· 教师选择示范的正是他们想要的。

· 教师在课堂上花费时间所做的事情要做好。

· 课堂上出现的对话和论述会直接影响学习。

关键问题（critical questions）和基本问题（essential questions）的区别仅仅表现在一个方面，即它们向教师强调的三个核心问题是有差异的。单元计划的推进和聚焦要借助于标准和最终评价，因此在单元计划中提出的关键问题（见表4.5）可以帮助我们确定这是否为单元的最终评价设计了有效的基本问题。这类关键问题的结构和单元课程中指导形成性学习的那些问题是不同的。如果地区或学校已经使用了"基本问题"这一术语，那是对的。只需记住成功的单元计划包括三个指标以及表4.5中详细描述的关键问题就可以了。

关键问题的构成主要包括关键概念、思维水平、技能指标、过程或最终评价的学习展示。这些问题不是最终评估的提示，因为提示要求相当多的且富有成效的细节。

表4.5	有效的单元计划的关键问题	
是	否	需要思维水平更深的单元问题来准确说明标准吗？
是	否	问题的答案对于单元中展示学习的熟练程度重要吗？
是	否	作为最终评价的一部分，学生要展示单元关键问题的答案吗？

关键问题和大脑的研究

提出单元的关键问题与我们所了解的脑科学和学习方面的知识紧密相关，有助于整个单元教学的差异化。

我们可以把单元计划中的技能组块引入学习中，这样可以使学生在为最终评价做准备或构建单元的组成部分时复述并展示概念的各个方面及应用。这些学习组块应该始终与关键问题相关联。与关键问题建立清晰的联系，能使学生在单元中建立部分和整体的关系。各种大脑研究资料都强调需要查明神经细胞的发展模式以及建立更高层次思维所需要的复杂图式（Hart, 1993）。

此外，裂脑研究告诉我们，我们有一种与生俱来的能力可以同时处理部分和整体的关系。只有这样，大脑才能建立学习和该学习日后应用的联系与解释（Caine & Caine，1991）。"良好的训练和教育能够意识到这一点，比如从一开始就很自然地引入'整体'的方案和理念"（Caine & Caine，1997，p.106）。例如，针对"复述故事和理解故事的顺序"这一单元，一名幼儿园教师可能会提出这样的关键问题：你会如何用开头、中间和结尾来复述一个故事？教师可以把一个单元分成三部分或四部分，如对开始、中间和结尾进行复述。当教师介绍有关"开头"概念的作业时，教师可能会对班级或小组说这样的话："本单元的问题是，你们如何通过开头、中间和结尾来复述一个故事？今天，我们将学习记住故事开头的两种方法。当你复述整个故事的时候这些窍门会对你有所帮助。"

教师需要帮助学生理解学习的每一步骤与整体之间的联系，或者让学生在学习过程中自己建立这些联系。学生必须有时间去反思和整合部分与整体的关系。这可以通过对话、书面反思、学习展示以及许多别的反省思维的方法来完成。

关键问题和差异化

关键问题应该能够吸引学习者。当学生只是寻找正确答案而非探究有趣的问题时，他们就注定会"生活在别人的发现里"（Vail，1989）。关键问题也应该提出多种可能性以及可供选择的方法，这会使学习者能够学以致用，应用多种策略及感兴趣的方法进行复述。

这类问题使我们能够建立针对学习者的愿望和需要，同时可以灵活调整的单元计划，不过还要有助于让所有学生努力达成标准。对标准进行修改因人而异，除非学生有特殊教育背景，或者英语是第二语言，在此情形下，法律才允许我们进行差异化教学并为个别学生调整标准。班级的其他学生必须遵循相同的标准、概念，展示最终的学习成果。我们如何做到、用什么资源、以什么速度以及用什么指南和工具另当别论。选项的确立也是单元计划和差异化的组成部分，尤其是在高风险评估和小组成长的环境下，改变标准并非好的选择。

关键问题、标准和基准

　　一些教师发现，以目标类型的陈述开始更为容易，因为它有助于教师从日常目标转移到运用长远目标来促进学生的思考和学习。尽管迈出这一步不容易，但它有助于我们提出有意义的、具有挑战性的问题，从而帮助确定基于标准的最终单元展示。"一位具有批判性的思想家常常被人们说成是能够对解决问题过程中的思维质量做出评价的人。"（Fogarty & Bellanca，1993，p.226）

　　某些地区和学校的校长或评估员告诉教师，他们必须告诉学生单元或课程是以什么标准或基准为基础的，尽管这是一种取悦管理者的做法，但对学生来说并非最佳方法。比如，在我们"讲故事"的例子中，教师应该告诉五岁儿童"学生是为一些目标而学习阅读和写作"这一标准吗（科罗拉多教育部网站）？16 岁学生在获知我们正致力于 5.22 到 5.6 的基准而能真正获益吗？一个折中的办法是在可以带回家的内部通讯和单元计划总结中提供标准和基准的信息，并找到与家长和学生交流的方法。这样有助于父母和管理者知道你在让学生朝着基于标准的学习而努力。根据学生的发展水平提出适宜的有价值的问题，会对学生的成长产生更大的影响。

　　如下所示，在"3—5 年级数字单元的数据分析和可能性：关键性的单元问题"中我们为数学抽样单元提供了设置关键性问题的例子。需要注意的是，在关键问题中使用的字词或概念应该很容易追溯到标准和基准、关键概念和技能的表述。

3—5 年级数学单元的数据分析和可能性：关键性的单元问题

如果学生成功地通过了最终评价，那么他们要回答什么问题？

1. 我们如何使用数据来预测人们的思考方式及选择偏好？

2. 数据的收集和分析如何能够提高我们预测的准确性？

在介绍单元时，我们可以使用这类提问的另一种方式，即让学生提出自己的问题。该过程的一个重要特征就是在单元设计中使用建构主义的方法。学生可以将自己提的问题和老师提的问题进行比较，这会引导学生进行反思，一定会让他们印象深刻。通过精心设计如何使用关键问题以及让学生形成自己的问题，我们会有许多方法来激发学生的学习。

为单元计划预先评估学习差距

弄清学生的情况和本单元的目标是很有必要的，之后我们才可以确定学生对哪些情况尚未了解，并预先评估知识的缺口。在以成绩评价作为单元计划的准则的学习环境中，使用简单的表格 A 和表格 B 来做预先评估是行不通的。为了在单元中创造适当的差异化教学机会，我们需要了解学生的信息。我们可以通过各种非正式的方法来收集这些信息。

我们需要学习采用已有成果，将学习机会、时间选择及材料差异化，以更好、更准确地满足不同学习者的需要。教师使用诊断思维在单元内进行不断的课程修订是学习者成功所必需的。这些课程修订机会为单元内的差异化提供了很好的条件。当我们清楚我们对学生的了解程度，甚至是更清楚学生在最终评价中的精彩表现时，在单元内进行差异化的第一个机会就来临了。

下文提供一个例子（见"3—5 年级数学单元的数据分析和概率：预先评估设计"），不过，还有其他更多有效的方法。此外，要对本章后面及其余章节的其他观点进行检验。切记：要把差距分析集中在概念、思维技能以及学生学习展示类型上，这是学生在最终评价中获得成功所需要的。你可以使用对这一资料的分析，在学生分组、教学方法和学习方法方面创造差异化教学的机会。

3—5 年级数学单元的数据分析和概率: 预先评估设计

第一部分: 对于学生的数学学习情况, 我们了解什么?

我们将会了解到学生在数学中的书面反思、计算的精确性、估算能力以及创建简单的图表或表格的能力。

第二部分: 为了使学生从目前的状况提升到最终评价的水平, 我们需要了解什么?

我们需要了解学生对于数据的理解和解释, 以及在分析水平上准确使用数学语言进行交流的能力。

预先评估差距的方法

给学生一张表示相同数据的表和图。同伴之间对数据进行讨论, 并确定能从这些信息中得出什么结论。教师需要倾听:

1. 对资料的视觉化表征的理解

2. 根据数据得出的推论

学生要"快速写下"他们的结论。(数学中的速写: 主题句是重要的领悟, 接下来的两句或三句话是支持重要领悟的细节, 最后一句话是阐述基本原理或结论行得通的原因。)

教师不用给这些段落评分, 而是指出书写是否:

1. 合乎逻辑并能支持结论?

2. 通过数学方面的写作展示出表达个人分析能力

教师要能够教授提及的概念, 但可以调整训练、时间、顺序、难度水平以及传达这些结果的支持性资源。

组块学习

　　组块学习并非全新的概念。脑科学和学习心理学主张将新观点进行分组以达到整合、记忆并运用这些概念的目的 (Healy, 1990)。当教师开始接触促进学生成长所需的标准化的、数据驱动的课程计划类型时, 基于学生发展的目的, 教师需要发展更有效地进行学习组块的能力。我们必须从针对大标题 (Title I)、阅读以及特殊教育团体的陈旧模型的补救思维中走出来。组块学习借助的是批判性思维和技能，有助于我们最大限度地利用好与学生在一起的有限时光。

单元组块意味着从逻辑上将学习主题划分成几部分，时间上可能会超过一天或持续一段时间。为了组合一个单元，我们需要了解必要的顺序和学习层次，这些顺序和层次可以最大程度地帮助学生为最终评价做好准备，或者协助他们取得良好的成绩。

将单元组块，使其意义和实用价值不断提升，能够比每日的课程计划更好地促进学习。一天或一段时间是一个主观随意的时间单位。学习，尤其是差异化的学习，不会像每日的课程计划说的那样容易实现。

组块会影响我们该如何对课程做计划以达到差异化教学的目的。日复一日的计划常常是低效和无效的。最好是对基于标准的单元做计划，然后通过将学习内容组合进关键概念或概念的组合中来计划。确定这些概念的最佳顺序也是必要的，然后我们可以通过不间断的形成性评价来判定学生的成绩与思维，这种评价是在单元中每个学习组块进行过程中和结束时进行的。

我们需要创设在早期学习概念的含义以及如何使用方面所需的背景，之后还需要提供演练的机会，以便能够接近最终成绩评价所需要的东西。计划的最后一步应该是形成性评价，它应告诉我们学生是否具备了所要求的批判性思维和概念应用的水平。如果您把最终评价作了分解，并且形成了单元计划的组块，那么在计划如何为单元的这部分内容进行最后展示时，这种形成性的演练就可以不受形式所限（Ainsworth，2003b）。我们以任何一种单元计划的方法收集的形成性资料，使我们能够根据学生的思维水平、概念使用及所学技能的情况，为单元的进一步差异化而计划（Kuzmich，1998）。

单元组块的一个突出优势是一个三周的教学单元只需要五次课就讲完了，每次课可以延续几天。例如，如下所示的"组块或单元概述"说明了我们如何对数学单元的思维和技能进行组块，这些思维和技能包含了关键概念。尽管这种形式的单元计划需要形成习惯，也需要时间，但是这种方法将每日的课程计划转变成围绕一组概念的多日计划，从而减少了教师的准备。这会影响到教师的评价和管理者的期望，因此，校长和地区工作人员需要对那种要求做出每日课程计划的教师评价系统做出调整。这种制订计划的方法对于提高学生的成绩是非常有价值的。

3—5 年级数学单元中的数据分析和概率：组块或单元概述

教师如何将单元分解成反映各种水平的发展技能和思维的学习组块？

1. 激发对整个单元的学习兴趣，提出一个调查问题。

2. 学习数据的视觉表征。

3. 运用中位数和平均数做总结。

4. 使用数据进行预测。

5. 分析数据结果并与他人分享。

总　结

这种基于单元的计划是一种非常有效的方法，可以将注意力聚焦于标准和学生成就方面。该方法允许教师采用一种课程，并将它转换成有意义的联系、批判性思维以及概念与技能的使用。为收集资料制订计划，也使教师能够对差异化教学做出计划，以更好地满足学生的需求。它也将旧的课程计划提升到一个新的水平，并减少了每日所需的文书工作。在为不同学生制订计划并加以调整时，使用这类课程方法会使我们习惯性地考虑到差异化教学的问题。

单元计划的其他范例

幼儿园到 2 年级的天气报告

标准 / 基准：地球与空间科学——天气

一、学生必须学习什么？

（请注意：尽管下面罗列的是科学标准，但是将本单元与阅读、写作、数学甚至是艺术标准相整合并不难。）

标准 1（科罗拉多州一级及国家级的）：学生理解科学调查与设计的过程；对这种调查加以实施、交流和评价。

标准 4（科罗拉多州一级及国家级的）：学生知道并理解地球系的作用过程与相互影响，以及地球和太空中其他物体的结构和动力。

标准 5（科罗拉多州一级及国家级的）：学生知道并理解科学、技术、人类活动之间的相互关系，以及它们是如何影响世界的。

标准 6（科罗拉多州一级及国家级的）：学生懂得科学包含一种了解和领悟科学领域间共同联系的独特方式。

二、基准

1b：选择并使用简单的设备来收集与调查有关的数据。

1c：使用基于观察的数据。

1d：对调查及解释进行交流。

4.2a：认识到地球的光和热主要来自太阳。

4.2b：认识到我们的日常活动是如何受天气影响的。

4.2c：通过收集并记录天气资料来描述当前的天气情况。

4.4c：认识季节的特征。

5d：识别运用科学和技术的职业。

6c：识别观察模式。

关键概念

学生在学习本单元之后必须记住并能够运用什么？

标准/基准 1b，c，d	标准/基准 4.2 和 4.4
温度计 度数 温度	阳光 阳光充足的 背阴的 白天 夜晚 热
标准/基准 5	**标准/基准 6**
天气预报员	季节

技能

学生如何证明他们能够学以致用？

标准/基准 1	标准/基准 4
1. 学生会使用数字温度计，并且能够"读出"度数。 2. 学生能够辨别温度是冷还是热。	1. 学生会比较阳面和阴面、白天和夜间的温度。 2. 学生能够解释为什么通常白天会比较暖和，能确定太阳是光和热的主要来源。
标准/基准 5	**标准/基准 6**
学生会报告天气。	学生会描述每个季节的气候特征的类型。

关联性

学生为什么必须学习这一内容？在不同时间学习这一内容并加以应用有什么必要？

学生首先需要理解我们是许多系统的组成部分。天气预报是小学低年级理解这一观点的一种很好的方式。学生可以与他们已有的知识建立个人联系，并且能够学到新的方法来描述由地球和太阳系构成的物理系统及其与气象的关系。

给学生布置预测第二天天气的任务。要求他们观看当晚的天气预报，并看看自己的预测是否与报告的天气相符。记录并画出他们所了解的第二天的天气情况。他们对天气的预测做得如何？描述他们在本单元中将要学习的对天气预报做出更准确的预测的方法。

最终评价的描述

如何展示本单元的学习成果？

学生运用所了解的有关天气和季节的知识，创建一种报告每个季节天气的方式。

单元的关键问题

如果学生成功地通过了最终评价中，那么他们能回答什么问题？

1. 你能说出春、夏、秋、冬的天气情况吗？

2. 你能报告今天有多热或多冷吗？

预先评估的设计

第一部分：对于学生在科学知识方面的掌握情况，我们了解多少？

学生知道并能用一般术语来描述当日的天气，对于季节有一些了解。许多学生懂得，当老师说外面是 72 度的时候，那是指温度。

第二部分：为了使学生从目前的状况提升到最终评价应达到的水平，我们还需要了解哪些方面？

学生知道温度和季节为什么会变化吗？学生能够描述天气的特征并且懂得在每个季节需要做哪些事情吗？

预先评估差距的方式

1. 与学生讨论这两个问题并将他们的反应记录下来。

2. 作为一项内容，让学生阅读一本有关季节的书，并预测天气情况。

组块或单元概述

教师如何将单元分解成反映不同水平发展技能与思维的学习组块的？

1. 温度和温度计。

2. 太阳、高温与阴凉的对比、阳光充足之处。

3. 当天气发生变化时，我们需要做什么？

4. 报告天气。

5. 我们所在地区的季节和天气状况。

最终评价：天气报告员

1. 请学生选择一种方式来报告天气和季节。

例如：

·运用口头报告或带有标注和图片的新闻报道。

·撰写一份计算机辅助报告。

·运用图片来写作。

·设计游戏。

·创作一首歌曲。

2. 学生要会运用所了解的有关每个季节的温度和天气知识。

3. 学生需要正确使用拼写、语法、标点符号以及大写。

4. 学生需要描述或者说明太阳是如何影响每个季节的天气的。

5.学生描述或者说明自己如何为每个季节做准备（穿着、步行、活动）。

关键概念	高　级	熟　练	部分熟练
1.温度计、度数、温度	学生会使用温度计，会记录温度，能制作表格来说明温度的高低情况。	学生能看懂温度计，能制作表格或图表来说明是热还是冷。	学生能说出温度是高还是低。
2.阳光和热量、温度的变化	学生能够描述太阳是如何靠日照时间以及日照量来影响天气的冷暖的。	学生能够描述阳光充足与背阴之处、白天与夜晚的温度差异。	学生能够说出天气的冷暖依赖于日照时间以及日照量。
3.气象报告	学生用温度和描述季节特征的日照来报告天气。	学生用天气的描述来报告每个季节的天气。	学生用图片报告每个季节的天气，说明主要的天气情况。
4.季节	学生能够描述每个季节该如何穿着以及有什么特别的活动。	学生能够说出每个季节需要如何穿着及有什么活动。	学生能够说出每个季节该如何穿着。

学生核查表（以学生的语气陈述）

☐ 我能使用温度计说出温度。

☐ 我了解太阳以及它的热量来源。

☐ 我能说出春夏秋冬的气候类型。

☐ 我能说出春夏秋冬我们应该穿什么、做什么。

你知道自己的权利吗？　5—8 年级

标准 / 基准

一、学生必须学习什么？

（请注意：尽管下面罗列的是有关历史和公民的标准，但毫无疑问的是我们可以把本单元与阅读、写作以及艺术标准加以整合。）

科罗拉多州立标准中的历史标准 5

标准 5：学生能够理解随时间而发展的政治制度和理论。

标准 5.1：学生能够理解美国的民主观点，制度是如何发展、转变以及（或者）维持的。

二、5—8 年级的基准

a：解释民主政治原则和制度的历史发展过程。

b：描述独立宣言、十三州联邦宪法、宪法以及权利法案中提出的基本观点。

c：举例说明美国历史上政治和公民权的延伸情况。

关键概念

学生学完本单元后还必须记住和能够运用什么？

标准 5-5.1	基准 b
民主 自由	权利法案 宪法
基准 a	**基准 c**
历史背景 修正案 公民权利	权利 个人权利 权利的限制或侵犯

技能

学生如何证明他们能够学以致用？

标准 5-5.1	基准 b
学生能够将以自由、民主为核心信念的政府和那些非民主政府进行对比。	学生能描述权利法案中授予的权利及其对自己家庭的影响。

基准 a	基准 c
学生能够解释权利法案颁布的原因以及这一重要文件是如何随着时间的推移而改变的。 学生根据权利法案解释美国的公民参与的含义。	学生能举例说明权利被拒绝的后果和依据。 学生要明白时事动态与权利法案的关系，并举例说明权利法案在当前生活中的应用。

关联性

学生为什么必须学习这一内容？在不同时间学习这一内容并加以应用有什么必要性？

既然让学生与权利法案建立起个人联系是重要的，那么他们首先需要理解这份重要文件与美国公民日常生活的各个方面有何关联。

教师在准备本单元时，可以引入下面的内容：

·一份学区工作申请或者无歧视条款的大学申请。

·一份（来自地方警察部门的）米兰达权利的复印件。

·一份空白税务表的复印件。

·一份报纸。

·一张投票用纸。

·一份教堂程序表或布告。

发给学生一份总结权利法案的复印件，并将学生进行分组。让学生在整个小组中解释哪项权利符合特定的文件。此外，询问他们是否还能想出其他的例子。

最终评价的描述

如何展示本单元的学习成果？

学生运用报纸及其他期刊来研究权利法案在目前的实用性。学生要把重点放在作为重要的历史与现时主题的公民权利、与权利法案相关的事件以及法案对美国公民权利的阐述方面。学生要写篇论文来总结他们对公民权利某一方面的发现，也可以运用多元智能的思想选择一种方式来介绍这一学习成果。

单元的关键问题

如果学生成功地通过了最终评价，那么他们能回答什么问题？

1. 你如何对权利法案的起草原因以及它至今仍然是一部强大且有影响力的文件的原因进行比较？

2. 你能否设计一份对权利法案中某项权利的总结或者事例，并描述某一特殊历史运动或事件在那些权利发展中所起的作用？

预先评估设计

第一部分：对于学生的历史知识掌握情况，我们了解多少？

根据前面的宪法单元我们获得了一些信息，其中包括对至今依然重要的历史与政府文件的初步认识。我们知道学生可以记录和查阅信息，可以理解历史课本中的主要观点，对立法及其对自己生活的影响也有初步的认识。

第二部分：为了使学生从目前的状况提升到最终评价的水平，以使更多学生达到熟练的程度，我们需要了解什么？

我们需要了解学生对于权利法案拥有的非正式信息，我们也需要了解他们是否理解有关公民权利的事例。

预先评估差距的方式

1. 学生要独立地进行头脑风暴，把他们对权利法案所了解的内容列成清单（在本单元的第一天完成）。教师将根据先前知识的水平来判断单元的导入部分会用多少时间，并确定用什么方法教授背景知识。

2. 学生要运用报纸上的文章及权利法案来看他们是否理解某项权利在目前的应用情况（单元介绍之后的第一项作业）。

3. 在把权利与当前的解释进行比较时，教师应判断在本单元的课程中，需要练习什么，需要在什么程度上做内容方面的书面总结。

组块或单元概述

教师如何将单元分解成反映不同水平发展技能与思维的学习组块？

1. 本单元通过与学生的生活的联系和实际应用来激发学生的学习动机。

2. 形成对历史背景和情境的感知，包括自由与公民权的概念。权力法案的序言及前十次宪法修正案的产生受到哪些因素的影响？

3. 运用例子来解释权利在目前的应用，包括个人层面的应用。

4. 权利法案是如何随着时间的推移而发生改变的？原因是什么？在过去和现在，权利法案与美国宪法有什么关系（将本单元与前一单元联系起来）？有哪些运动和对权利的侵犯导致权利法案十一到二十七条的修正？

5. 学生要对非民主国家的文件进行探究，并将其与权利法案相比较，创建一种可视化的有关公民权利的框架。

6. 小组学生要对某一运动或历史时期的某个方面进行研究，以描述权利法案是如何发生变化的、原因是什么及其对当今生活的影响。

7. 学生分享他们所学到的有关美国公民权利的知识。

最终评价：你了解自己的权利吗？

学生要通过一系列能证明其对权利法案的解释和应用能力的任务来完成本单元的关键问题。你要对权利法案中的某一项权利进行调查与研究。

1. 在指定的网站上查阅你感兴趣的 2 ～ 3 种权利，然后选择一种权利来集中研究。你可以在最终评价的研究阶段与一两个同伴一起工作或独立完成。

2. 研究这项权利是如何成为权利法案的一部分的？现今它有什么意义？

（1）你为什么选择这项权利？它对你来说有何意义？

（2）这项权利的历史背景是什么？

（3）哪些人参与了将这项权利添加到权利法案之中的事件或问题？为什么要添加这项权利？

（4）哪些权利被侵犯或滥用？是一组公民权利向自由的妥协吗？如果是，这又是怎么发生的？

（5）有什么证据能说明这一权利时至今日仍然对你和你的家庭是重要的？请举例说明。

（6）你认为这项权利最重要的部分是什么？我们如何才能避免侵犯这一权利？

3. 每人写一篇论文来回答第二步提出的问题。论文要包含标题页和参考文献。请记住写作标准适用于这堂课所有的书面作业，一定要在提交之前对你的作业进行编辑。你可以让好朋友帮你编辑和检查。请仔细对照模板及基于研究的优秀作品的核查表进行检查。

4. 完成论文的自我评价表。

5. 决定如何来分享你发现的结论和信息。你可以和研究相同权利的其他同学合作，也可以独自工作。运用多元智能的建议表来帮你选择一种有趣的方式，描述你的权利对当代公民意味着什么？对你意味着什么。

6. 检查下面的评价标准，以帮助你提高在这项评价中的成绩。

"权利研究论文"的自我及同伴评价核查项目

❑ 有标题页。

❑ 正确罗列了参考文献。

❑ 回答了每个问题。

❑ 进行了编辑。

❑ 核查过模板。

❑ 根据评价标准给自己评定等级来进行再次检查。

最终评价标准：你了解自己的权利吗？

关键概念	高　级	熟　练	部分熟练
举例说明权利在当今学生和其他公民中的应用。	学生能够详细描述并列举个人事例来说明为何这项权利在今天是必不可少的。	学生能够描述并举例说明为何这项权利在今天是重要的。	学生能够描述这项权利的重要性。
理解什么影响了某项权利成为权利法案组成部分的历史。	学生描述当这项权利被写入权利法案中的宪法时，国家发生的事件，举例说明被侵犯的权利。	学生举例说明因为侵犯权利而促使权利法案的创建或修订。	学生说出为何某项权利成为权利法案的组成部分。
作为美国公民要保护我们今天的权利。	学生运用现有出版物以及政府文件中的事例来解释现在我们该如何保护这项权利。	学生运用新闻事例来解释如今的法庭、执法机关以及其他机构是如何保护这项公民权利的。	学生用来自报纸或网络新闻中的例子解释当今这项权利是如何受到保护的。
描述重要领导人在我们国家的变革中发挥的作用。	学生描述在我们国家为带来变革和保护权利而发动的运动中，重要领导人的行动和思想。	学生描述重要领导人在保护公民自由方面的作用。	学生描述这项权利的主要领导者或作者。
分享学到的知识以及这些知识对你的影响。	学生帮助听众去理解权利在今日对他们及其他公民意味着什么。	学生帮助听众去理解权利在今日对他们意味着什么。	学生帮助听众去理解权利。

同伴与教师的检查检查项目如下：

1.我懂得这项权利在今天是重要的，因为：

2.这项权利对我而言是重要的，因为：

3.这项权利对其他人是重要的，因为：

9—12 年级的议论文写作：说服我

标准 / 基准：9—12 年级的语言艺术课：议论文

学生必须学习什么

标准 2：学生为了不同目的和读者进行写作与表达。

2a：写作各种类型的文章，如议论文。

2b：组织篇章，使文章开篇引人入胜、观点合理推进、结论意味深长。

2c：语言生动准确，与读者及写作目的相适应。

2d：计划、拟稿、修改、编辑，形成清晰的终稿。

2e：写作格式和语气要与写作目的和读者相匹配。

2f：变换句子的结构和长度，使意义更丰富，行文更流畅。

2g：运用重要的细节、事例以及（或）陈述提示的理由来形成观点和内容。

标准 3：学生运用常规语法、用法、句型结构、标点符号、大写及拼写进行写作与表达。

3c：运用完整的句子写作。

3d：正确使用惯例。

3e：使用常规的拼写。

3f：正确分段，在行首空格或顶格使每个段落能够区分开来，并且每段包含一个主要的观点。

关键概念

学习本单元之后学生必须记住并能够运用什么？

标准 2	标准 3
说服	惯例
语气	格式
主张或立场	自己编辑
论据	同伴编辑
句子多样性	
词汇选择	

技能

学生如何证明他们能够学以致用？

标准 2	标准 3
1. 学生在段落和文字的写作中有说服力	4. 学生利用评价标准和模板来编辑、完善他们的作品
2. 学生能对证据加以选择并进行研究，将其作为对有争议问题的一种论点	5. 学生借助同伴编辑获得关于作品的新观点
3. 学生的写作方式引人入胜，能说服特定的读者	

关联性

学生为什么必须学习这一内容？在不同时间学习这一内容并加以应用有什么必要？

在学习本单元时，教师可以告诉学生写好议论文是成年人需要具备的一项重要品质，以此来激发学生的兴趣。给学生提供最近的县级税务手册，其中包含如何说服县级官员依据估算值来降低财产税的说明。学生要用头脑风暴法来思考如何向县级官员提出有说服力的论点。发给学生一份房产评估表以及来自房地产中介的比较数据报告，使学生能够围绕材料提炼他们的观点。学生也需要讨论成年人运用议论文完成某些事情的其他情况。

最终评价的描述

如何展示本单元的学习成果？

请从报纸或杂志的文章、新闻报道或其他时事动态渠道中选择一个你感受强烈的问题，并撰写一篇有说服力的研究论文来表达你的观点。一定要增加足够多的研究细节来澄清自己的观点，并指出其他观点存在的问题。要保证语句的多样性以及措辞的吸引力，这样读者才愿意理解你所表达的内容，才愿意读完你的文章。另外，要确保读者能够看到你所呈现的证据与结论之间的清晰联系。请参照评价标准与模板来帮助你完成这篇文章。

关键问题

如果学生成功地通过了最终评价，那么他们能回答什么问题？

1. 如何进行研究和写作来说服其他人相信自己的观点是正确的？

2. 如何能让自己的议论文对阅读对象来说更有吸引力？

预先评估的设计

第一部分：对于学生的英语水平，我们了解多少？

我们有一些其他单元的学生作文，它们可以说明学生有一定程度的编辑、词汇选择以及表达语意的能力。对于议论文，我们还没有现成的习作。就班级中大多数学生来说，语句的流畅性和多样性似乎还很有限。

第二部分：为了使学生从目前的状况提升到最终评价的熟练水平，我们还需了解什么？

我们需要了解学生进行研究并清晰地表达某种观点的能力。

预先评估差距的方式

您班上的学生也在上历史课，而且完成了一篇有研究基础的短论。因此，可以向历史教师及其他教师核实他们对学生的研究能力的印象。另一种评估方法就是使用单元中的开头作业（beginning assignment），围绕研究进行教学的微调（见"单元组块"）。

为了核查学生议论文写作技能的功底，可以让学生写一段话来说服老师取消今天的家庭作业。一定要在学生交定稿之前给他们两到三分钟的时间。这会让你了解这个班在议论文写作的各个方面花费多少时间，以及对于不同的个体需要进行多少辅导。

组块或单元概述

教师如何将整个单元分解成反映不同水平发展技能与思维学习的组块？

1.议论文写作介绍：我们为什么需要写议论文？参考前面谈到的"关联性"部分。

2.回顾模板和评分标准。

3.学习好的议论文片段，练习写片段。

（1）引人入胜的开场白和结论，并加入背景部分。

（2）使用证据支持或者反对某种主张。

（3）理由与立场的陈述以及其他陈述自己观点的方法。

（4）对读者有帮助的语气、语句多样性及词汇选择。

4.选择某个问题并探讨你的观点。

5.研究时间及图形组织者的使用。

6.最终评价。

最终评价：说服我！

准备一篇议论文表明你的观点，选择一个你所感兴趣的有争议的时事或问题。它可以是时事问题中你的立场鲜明、感受强烈或者义愤填膺的主题或问题。准备一篇议论文来支持或反对你的观点。运用一手和二手资料并在文中列出你的资料来源。运用后文的评价标准以及在课堂上获得的模板来对文字进行编辑、完善。

一、步骤

1. 回顾自己在整个单元中掌握的评价标准、模块以及提示单。

2. 使用先行组织者进行评价。完成主题后征得老师的同意，与大家分享对你来说这个主题之所以关键或重要的理由。

3. 简要陈述你的观点。

4. 完成研究，列出你要支持或反对这项论点的要点。保留一份资料来源的清单。如果使用了某位作者的或有出处的原始文字，就要在引用的文字处用引用符号标明是引用的。

5. 你的结论是什么？它与你最初的观点吻合吗？你是改变了自己的想法，还是证实了自己的观点？

6. 你认为解决办法是什么？

7. 回顾评价标准及模板，然后着手写自己的论文。

8. 在上交作品之前自己编辑或让同伴编辑。

议论文写作模板

学生姓名：　　　　学段（block /period）：　　　　日期：

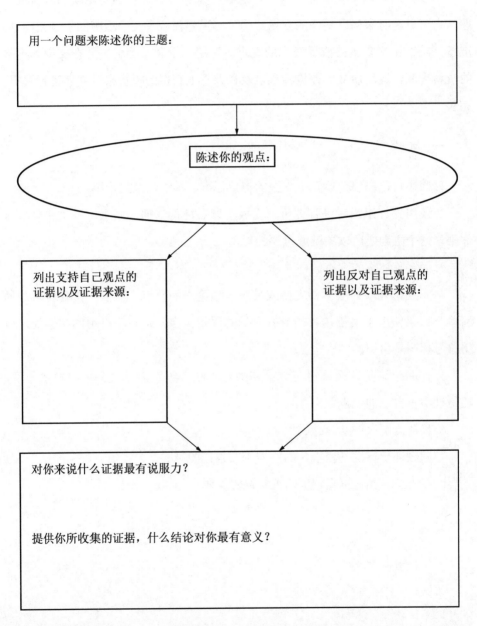

用一个问题来陈述你的主题：

陈述你的观点：

列出支持自己观点的证据以及证据来源：

列出反对自己观点的证据以及证据来源：

对你来说什么证据最有说服力？

提供你所收集的证据，什么结论对你最有意义？

资料来源： Gayle H. Gregory and Lin Kuzmich. *Data Driven Differentiation in the Standards-Based Classroom.* Thousand Oaks CA：Corwin，www. corwin. com.

二、说服我的标准

关键概念	高 级	熟 练	部分熟练
论点或观点	论点表明该主题或问题的争论之处，以及为何它对该学生是重要的。	论点表明为何这一问题对学生是重要的。	陈述了论点，识别了问题。
支持或反对论点的理由	使用研究过的信息来支持论点，并认同其他观点。	通过支持与反对的理由很好地支持了论点；谈到了其他观点。	列举了支持与反对的理由，虽然直接的联系不明显，但与论点有关。
组织	文章导入引人入胜、富有趣味，证据能够清晰地支持结论。	文章导入清晰，结论合乎逻辑，有论据的支持。	文章有开头，中间部分合乎逻辑，有结论，读者能够推出作者的观点。
词汇选择	选择的词汇能让读者明白作者的感情。	词汇是有变化的，适合主题的。	词汇的选择适合主题。
语气	文章引人入胜，力图影响特定的读者或听众。	文章显然能够适应特定的听众或读者。	文章有作者的观点，但是读者或听众可能不明白。
语句多样性	问题、句子和引用都能加强文字的说服力。	句子的长度和类型有变化，这增加了文字的趣味性。	句子的长度和类型有变化，可能增加或者不会增加趣味性。
惯例与编辑	不适用。	提交没有错误的文章。	有一些错误，但它们不会影响文字的意义或可读性。
研究的使用及引用来源	使用了一手和二手资料，并在文字中加以引用，有助于观点更加清晰或更有说服力。	使用了一手和二手资料，并在文字中加以引用。	文中使用并提及一手和二手资料。

三、单元计划图

单元计划名称： 科目： 年级：

标准／基准：学生应该知道什么？能够做什么？	
关键概念：学生在学习本单元之后必须记住并能够运用什么？	
技能：学生如何证明他们能够学以致用？	
关联性：学生为什么必须学习这一内容？在不同时间学习这一内容并加以应用有什么必要？	
最终评价的描述：如何展示本单元的学习成果？	
单元的关键问题：如果学生成功地通过了最终评价，那么他们能回答什么问题？	
预先评估的设计：对于学生的科学知识基础，我们了解有多少？为了使学生从目前的水平提升到最终评价的水平，我们还需要了解些什么？	
组块或单元概述：教师如何将整个单元分解成反映不同水平的发展技能与思维的学习组块？	
完成单元计划的后续步骤： · 创建最终评估提示和评价标准。收集或者创建模板。 · 创建学生自我评价的工具或核查表。 · 在预先评估后对每个单元组块使用"计划图"。	

资料来源：Gayle Gregory and Lin Kuzmich（2004）. *Data Driven Stratgies for Differentiated Instruction.* Thousand Oaks, CA：Cowin, www. corwin. com.

第五章
差异化教学及策略

凯西·塔其曼·格拉斯

本书关注的是创造差异化的课堂，而非整个学习单元。在开始活动和教学前，教师不仅有必要去理解某一节课首要的目标，而且要理解更广泛的学习单元。逆向设计模型（the backward design model）强调在头脑中要以目标为开端。卡罗尔·汤姆林森和杰伊·麦克泰（Carol Tomlinson & Jay McTighe，2006）在其著作《整合差异化教学与重视理解的课程设计》（*Integrating Differentiated Instruction +Understanding by Design*）中指出："从想要什么结果来进行逆向计划的概念并非新鲜事物。"1949年，泰勒将这种方法描述为关注教学的有效过程。最近，史蒂芬·柯维（Stephen Covey，1989）在其畅销书《高效能人士的七个习惯》中写道，"不同领域的高效率人士都是目标取向的，并且头脑中有对目标的计划。"虽然这并非什么新观点，但是我们发现有意使用逆向设计来计划课程、单元和个体化的课程能够使目标更为清晰、评价更为得当、教学更有目的。于是，我们考虑将逆向设计应用于综合性的学习单元。但是，由于这种设计过程的观念在本质上是一个课程序列，因此在每一课中使用逆向设计就要审慎，教师可以先看一下最终目标，以便知道课程的努力方向。方法之一是根据标准提出指导性问题，并将其作为课程设计的指导方针。利用这些问题可以使教师关注课程标准和概念，从而使教学更为有效，学生更能掌握最重要的目标。

在本书中，教师会发现大量4到9年级学生的差异化课程。每一课包括逆向设计的要点，因为每节课都是以清晰的标准和指导性问题开始的。之后，笔

者又详述了完成课程的细节，包括学生分组、策略、评价、资源、学生小册子 /
讲义、差异化的建议等等。

差异化教学

"差异"（differentiation）一词及其在课堂上的使用对许多教育工作者来说
并不陌生。大量的书籍、文章、网络及其他资源对此都有提及。该领域的专家
众多，其中的很多人会在本书的参考文献及拓展阅读部分罗列出来。即使是那
些不知晓差异化教学的人，也会意识到在课堂上，有些学生会进步得更快，而
有些则远远低于年级水平；有些学生热衷于艺术，而其他学生则对科学情有独
钟；一些学生满足于在书桌前整日坐着，而其他学生喜欢在屋子里或校园中走
来走去。造成学生差异的原因多种多样，学生也能敏锐地意识到彼此之间存在
差异的事实。正如学生所了解的在某一运动队中，并非所有运动员在每个位置
都是专家，因此学生会认识到他们的同学在学业方面有不同的特长、兴趣和学
习风格。实施差异化教学的教师能够意识到学生之间的差异，并且能够考虑到
学生的兴趣、准备状态、学习风格，寻找契机来挑战学生的能力。这些教师的
使命在于寻找学习方式以满足学生的需要。反过来，学生也会喜欢那些理解他
们的与众不同并能对此做出回应的教师。

定义：内容、过程和结果

本领域的专家卡罗尔·安·汤姆林森（Carol Ann Tomlinson）对"差异化"
进行了明确定义："在差异化的课堂中，教师主动计划并寻找各种达成内容、过
程和结果的方法，以预备和回应学生在准备水平、学习兴趣和学习需要方面的
差异"（Tomlinson，2001）。下面是对差异化教学主要组成部分的粗略解释。

内　容

　　内容（content）是某个学习单元或课程单元的基本知识、观点和技能。要确定内容，教师需要参考地区、州或学校的内容标准，以及可用的课本、课程、其他指南以及专家教师的意见。这种资源的组合对于教师明确内容（学生应该了解、理解和能够做的内容）几乎是必需的。有些人把内容称作输入（input），这是因为教师是在往学生的头脑中填充新的信息。

　　教师可以通过各种方式把内容介绍给学生。传统的方式是借助课本或讲授，其他方式包括表演、录像、计算机软件、网站、田野调查、录音、来宾演讲、总结、文章等。当教师开始通过正式或非正式的评价来了解学生时，他们可以通过差异化的方式呈现内容。例如，内容领域的教师可以准备几本不同人物的传记，且可读性水平是有差异的。教师可以根据学生的阅读水平以及他们对某一著名人物的兴趣来给学生分配适当的传记。又如，社会研究方面的教师按照学生对某一特定主题的兴趣（如某个国家）来给学生分配小组。然后每个小组阅读有关所选国家的各种资源。另一种可供选择的做法是教师根据能力安排同类小组，给高成就组的学生安排较难的阅读，给那些有困难的学生安排较容易的文本。

　　教师不必在每堂课上都使用差异化的内容。他们可以给全班呈现一种资源，如一段视频，然后对后续的活动进行差异化教学，可以组织根据学生的能力水平或兴趣分配小组进行探究。例如，如果学生正在学习奴隶制，教师可以给整个班级看视频《阿里克斯·海莉的根》（*Alex Haley's Roots*）的部分内容来告诉他们具体的内容。为了进一步学习这一内容，教师可以根据学生的准备程度分组并根据每组学生的水平布置适合各组的阅读材料。这可能意味着对能力最强的组使用更高级的课本，而对其他学生采用节选的本年级课文。对于有困难的学生，则给予一篇主旨鲜明的简明摘要。

过 程

过程（process）是使内容有意义的方法。换言之，过程是课堂中生成意义的部分，此时教师要求学生吸收和应用内容中所呈现的信息。一般的做法是通过课堂活动和教师上课来完成，尽管家庭作业也是过程的一部分。

对于教学或重新讲授而言，常用的一种差异化策略是小型工作坊或小组教学。运用这种策略时，教师需要提前评估学生以确定他们对某种技能、概念或主题的理解情况，如使用复杂句子、定义有丝分裂或确定阅读片段主旨的能力。根据这些信息，教师可以将需要额外帮助的小组的学生抽取出来进行深化学习，通过小型工作坊来帮助他们。另一种可以采用的方法是教师开发和布置不同难度的作业来适应不同能力水平的学生。预先评估（preassessment）可以让我们了解对每个学生或学生小组而言最适合他们的作业是什么。前面这些例子强调的是学习准备水平的差异化，但是教师也可以评价学生的学习风格或兴趣，并且提供不同的作业选择，使学生在他们喜欢的学习模式或兴趣领域中工作。

另一种常见的实施过程差异化教学的方式是提问。教师在提出不同问题时，既要迎合学生的兴趣，同时也要考虑到学生的准备状态（readiness）。在考虑学生的准备状态时，对于高水平的学生可以提出更有深度、更复杂的问题。不过，针对所有学生的问题都要涵盖某门课程或某个单元的全部概念。创建各种学习中心、日志提示、实验室实验、项目选择只是其他众多过程差异化方式中的一部分。

教师在过程阶段实施的任何活动或课程构成了练习，使学生有机会利用文本内容并构建出清晰的认识。在这一教学的关键时刻，明智的做法是对学生的学习成效（做得有多好）进行连续的评价，并将课程或活动调整到合适的状态。教师会感到需要形成自己的责任体系。不过，他们不应高估这些类型的评估，因为重点是在练习。写日志、本周数学问题的详细描述或概要可能是比较实际的对一项活动的形成性评价。观察学生参与小组任务并和整个小组讨论的情况，是一项考查学生在理解方面进展如何的不太具体但很关键的指标。当教师在整个课程单元中一直有意识地使用形成性（或进行性）评价时，他们能够通过诸如抽出小组进行重教、复习课程或改变教学的速度等方式来提供最适合学生需要的学习。

形成性评价能够提供有关课程和教学有效性的有价值的信息。在课堂和活动（过程）中，教师依赖形成性评价可以了解学生对于目标技能或概念的理解情况。正如道格拉斯·费舍和南希·飞瑞尔（Douglas Fisher & Nancy Frey，2007）在《对理解的核查：课堂形成性评价技巧》（*Checking for Understanding : Formative Assessment Techniques for Your Classroom*）中所说的，目的是"改进教学，提供反馈"。它给予教师重新指导和强化教学的能力，对学生会有直接的影响。

结　果

作为某个重要单元的学习证明，教师会公布一个最终的结果（或总结性评价）来证明学生对单元内容和过程的理解情况。既然学习内容是学生应该知道、理解和能够做的，那么结果（product）的设计就要使学生能够证明这种学习的存在，并能按照清晰的、适当的成功标准展示出来。一些教师在某个特定学习后进行测验，这只是表示结果的一种类型。但是结果也可以用其他形式呈现出来。教师应该考虑使用最终的考试和不同类型的结果来对学生所知道、理解的和能够做到的进行全面的评价。

在语言艺术课堂上，可以包括表演、海报计划、访谈或正式的书面作业（如文学评论、说服、总结）等内容。在科学课上，总结性评价可以是写实验报告，或者在物理单元让学生制作一个风筝。差异化的结果是使学生展示他们所学知识与技能的强有力的、有价值的方式。教师应该在开始某个单元的学习时给学生一个总结性评价，使他们在完成每项达成最终结果的任务时能够清楚地意识到教师的期望，头脑中有具体的目标。

学生特点：准备状态、兴趣、学习风格

当教师考虑到学生的准备状态、兴趣和学习风格时，他们就是关注内容、过程和结果的差异化。如果教师能根据学生的特点采取相应的课程和教学来实施差异化，那么学生就会高效地学习。教师在对差异化的课程或单元制订计划时，可以考虑某种特点或特点的组合，如准备状态和兴趣。下面会简要介绍这三种主要的学生特点。这里介绍的每一种类型都有大量相关的资料，尤其是有关学习风格方面的。参考文献和延伸阅读部分提供了部分书单，但我们还是鼓励教师要自己查找资源以促进学生在这些领域的学习。

准备状态

通过预先评价和进行性（或形成性）评价，教师可以获得有关学生知道什么、理解什么和能做什么的信息，因此能够评价学生的准备状态。学生的准备状态是有差异的，教师需要进行与学生能力水平相匹配的差异化教学。如果学生接受的材料对他们来说要求过高，那么他们会有受打击和被挫败的感觉。另一方面，如果教师给予学生的工作远远低于其能力，那么他们就会感到被侮辱或者会彻底丧失兴趣。学生的学习要有适度的挑战性，需要刚刚高于他们能够胜任的程度。当教师基于学生的准备状态而将内容差异化时，他们会收集不同的可读性材料，布置学生阅读相应的部分。分层活动中，教师对某项特定的作业进行调整和扩展，使其在难度水平上有不同的版本，这就是按照准备状态进行差异化的例子。下面及本书其他章节也会简要列举有关的例子。

· 在语言艺术和社会研究的核心课上，可以布置学生阅读三本根据内容可读性选择的书中的一本。高级组阅读节选自弗雷德里克·道格拉斯

（Frederic Douglass）的作品，普通水平的组阅读保拉·福克斯（Paula Fox）的《跳舞的奴隶》（*the Slave Dancer*），困难组阅读加里·保尔森（Gary Paulsen）的《黑约翰》（*Nightjohn*）。在阅读中，不同水平的学生独自以及在小组中完成不同的任务，这些任务与指导性问题有关，如：历史背景是如何影响个人的？作为拓展，超前组可能要查询更为复杂的问题的答案，如社会或政治是如何导致冲突或革命的？冲突的生理和情绪反应是如何导致社会成员的最终改变的？这就要求学生进一步阅读别的材料。

· 在研究项目中，教师可以根据主题的难度水平提供一张可供选择的主题清单，然后给超前的学生安排主题更复杂的课题，要求他们做更广泛的或更多反省的研究。

· 在数学课上，给学生布置不同难度水平的数学题，与学困生相比，超前者要解决更复杂的问题，学生甚至可以自己出题来让别人解决。

· 基于能力水平将科学课上的学生分组。告诉每一组学生完成设计好的适合各个水平的三个实验中的一项。对于达到年级水平的学生，提供较具体的示例指导和成人帮助。或者可以期望所有的学生完成同样的实验，但对超前者提供拓展的学习机会，如提出更有挑战性的问题，提出预测设想，或将工作与现实世界中的职业联系起来。

兴　趣

　　当教师考虑到学生的好恶时，他们就是在根据兴趣进行差异化教学。这种方式非常有效，因为当教学触及学生所喜欢的东西时，他们更易于投入学习，而且有应用这种差异化教学的具体事例。尽管某项国家标准规定学生要以特定的格式写作，但是教师仍可以考虑学生的兴趣。例如，期望学生写一篇传记，但教师可以允许每个学生自己选择对象作为写作的基础。与此相似，教师让学生自由选择议论文写作的主题，可以从学生自己提出的综合目录或者当前所学单元的研究主题中选择，这也是以兴趣为基础的差异化教学。又如，可以选择小说作为文学读书会（literature circle）或独立阅读的基础。

学习概览

学习概览包括与学生如何才能学得最好相关的广泛领域。它一般包括学习风格和智力偏好（intelligence preferences）。以相同方式重复地向所有学生呈现学习内容，并期待整个班级只是以书面方式来展示他们的学习效果的教师，不可能使学习风格多样化，而只是期望学生以一种模式学习。与此相反，教师如果有选择地通过各种方式（如视频、录像带、阅读片段、动手操作、田野调查）向小组学生呈现学习内容，那就是考虑到了学习风格。教师还可以安排其他几种适合学生学习风格的活动。学生也可以按他们喜欢的方式来选择学习结果，如访谈、情节串联图板（storyboard）、表演或书面作文，也就是选择最适合其学习风格并能展示他们对课堂或单元中的概念和技能的理解方式。教师知道，学生并非总是以相同的学习风格来对待所有的学科领域的。

邓恩夫妇（Rita Dunn & Ken Dunn，1987）提出了广为大家接受的学习风格模型，他们将学习风格划分为五种类型，见表5.1。

表5.1 学习风格	
学习风格	**描 述**
听觉型学习者	听觉型学生通过听（listening）可以获得最佳的学习效果。他们喜欢听讲或听书而非接收来自阅读的信息。他们喜欢参与讨论，这样他们就能谈论和聆听其他同学关于内容、想法和意见方面的东西。此外，他们可以通过表达策略（如音调、语调、速度和手势）搜集到很多信息。为了适应听觉型学习者的学习风格，教师可以让这些学生大声朗读课文，使用录音机。
视觉型学习者	正如这一术语的字面含义，视觉型学习者通过看（seeing）学得最好。这意味着当教师正在读的时候他们喜欢一起读，或者需要通过记笔记或形成图形组织者从视觉上呈现他们所听到的信息。

续表

视觉型学习者	教师可以通过确保所呈现的信息以PPT、实物投影、印刷品、图片或视频的形式展示出来以帮助他们，以便他们更好地接收信息。当某个人出现时，重要的是让这些学生能够看到这个人在讲话，使他们能够阅读面部线索和身体语言。因此，让学生看得很清楚或讲话的人有特点是很重要的。
触觉型学习者	触觉型学习者喜欢用手工作。他们通过触摸（touching）学得最好。因此给他们提供数学操作、绘画设备、科学仪器或其他材料，使他们能够通过动手来学习。
动觉型学习者	动觉型学习者在学习过程中通过身体的活动学得最好。他们喜欢做和走动，这样他们能够将呈现的信息吸收并联系起来，使这些信息对其有意义。这些学生坐着不动是困难的，他们宁愿在教室里四处走动。
触觉/动觉型学习者	触觉/动觉型学习者通过走动、做以及触摸学得最好。这些学生喜欢以动手的方式让身体参与进来。因为他们需要活动和探索，所以他们不能安静地坐很长时间。对这些学生来说，刺激和角色扮演是适宜的策略。

霍华德·加德纳（Howard Gardner，1983）提出的多元智能是另一种众所周知的学习风格。他确定了八种不同的方式来说明智力（见表5.2），并提出了为差异化课程制订计划的建议。

表5.2 多元智能

多元智能	每种智能的总结	差异化课程的建议
言语/语言	读、写、听、说	·利用讲故事来做…… ·撰写诗歌、神话、传说、短剧或关于……的新闻文章 ·开展有关……的课堂谈论 ·创作有关……的收音机节目 ·为……设计口号 ·进行有关……的访谈

续表

逻辑 / 数学	对数字和抽象 模式的操作	· 编关于……的故事性问题 · 把……转换成……的公式 · 创造……的大事年表 · 发明……方面的游戏策略 · 进行类比来解释……
视觉 / 空间	对图像、心理映射、视 觉化、绘画的操作	· 图表、地图、簇（cluster）或图表 · 制作……的幻灯片、录像带或相册 · 设计……的海报、公告牌或壁画 · 为……创作广告 · 改变……的大小和形状 · 为……的过程编色码
音乐 / 节奏	使用节奏、旋律、模仿 的声音、歌曲、拍子、 舞蹈	· 表演关于……的音乐伴奏 · 唱一首解释……的说唱歌曲 · 说明……中的节奏模式 · 解释一段音乐与……如何相似 · 利用音乐来促进学习 · 创作一个音乐大杂烩来描述……
身体 / 动觉	通过触摸、运动、戏剧 来加工信息	· 角色扮演或模仿 · 设计……的舞蹈动作 · 设计……的舞台或室内场地游戏 · 建筑或构造一个…… · 设计一项捕猎食腐动物的方案以…… · 为……设计一个结果
人　际	分享 合作 访谈 建立关系	· 举行……的会议 · 将关于……的不同观点付诸行动 · 有意使用……的社交技能来学习…… · 教某人有关…… · 共同计划……的规则和程序 · 给出和接受关于……的反馈

续表

内　省	单独工作 自定步调的教育 个人化的方案	·设定和追求……的目标 ·描述对……的感受 ·描述对于……的个人价值 ·书写关于……的日志项目 ·做你关于……的选择方案 ·自我评价在……的工作
自然主义	在户外花费时间 整理 分类 留意标本	·收集并对有关……的资料加以分类 ·持续做关于……的观察日志 ·解释一种植物或动物与……的相似之处 ·进行……的分类 ·说明……的特征 ·参加……的户外田野旅行

资料来源：多元智能引自 G. Gregory and C. Chapman（2007）. *Differentiated Instruction Strategies：One Size Doesn't Fit All（2nd ed.）*. Thousand Oaks, CA：Corwin, p.33—34. 差异化课程的建议引自 Bruce Campbell and Linda Campbell（1999）. *Multiple Intelligences and Student Achievement：Success Stories From Six Schools. Alexandria*, VA：Association for Supervision and Curriculum Development, p.69.

同样值得关注的是罗伯特·斯滕伯格（Robert Sternberg, 1996）的智力模型，包括三方面的技能：分析、创造和实践。分析智能包括那些大多会在学校中教授的技能，反映的是线性思维。它包括比较和对比、做判断、阐述因果关系。创造性思维者是革新者，有原创的方法和观念，善于解决问题。实践性思维者是"具有都市生存智慧的人"（street smart），需要知道事物在社会大背景下运作的原因及机制。

基于兴趣和准备状态相结合的差异化教学

设计满足兴趣和准备状态的差异化教学机会是一项具有挑战性的任务，其目的是使学习效果最佳化。课堂上有几种方法可以把兴趣和准备状态结合起来，读书会的策略（Daniels，1994）就是其中之一。采用读书会策略时，学生与选择相同阅读课文的同学组成小组。一般情况下，所有学生会关注同一流派（如传记、自传、经典文学或历史小说）、作者或一致的主题（如疏离、成年或冲突）。教师通常会在语言艺术课上组织读书会，但它们也适用于其他学科领域。例如，社会研究课的教师可以提供各种历史小说作为读书会的基础，科学课的老师可以提供不同科学家的传记片段。

　　每个学生负责规定好的有特定期望的角色，而且每个角色要轮换。丹尼尔斯（Daniels，1994）提供了一个角色清单，不过教师可以对它们加以扩展。例如，一个学生是"讨论指导者"，负责提出问题，促进小组围绕这些问题进行讨论。另一个学生承担的角色是"能干的联系者"，参与并促进讨论有关与其他片段中的人物和主题或与现实世界间的联系。最后，学生将角色内化，并在没有规定角色人员的帮助和指导下能够进行深入研究。

　　虽然在读书会中让学生从自己感兴趣的选择目录中挑选阅读片段是重要的，但同样重要的是对每个学生的阅读能力而言课文不要太难或太易，而是要有适当的挑战性。为了做好这种平衡，教师要准备不同可读性水平的阅读节选目录来提供可控的选择。学生从这一目录中选出三本自己感兴趣的书。然后，教师对学生选择的三本书进行审阅，并有目的地为每个学生布置适合的书。如果一名后进生挑选了一本很有挑战的书作为第一选择，教师可以指派适合其阅读水平的书作为他的第三选择来满足其需要。在这种情形中，学生为大家阅读自己感兴趣的片段，同时教师从旁帮助他们选择适合他们阅读水平又具有适度的挑战性的文本内容。这种兴趣和准备状态的结合能够带来有意义的学习机会。

学习风格与准备状态相结合基础上的差异化教学

　　教师也可以将学习风格与准备状态结合起来进行差异化教学。例如，学生可以从教师提出的列表中选择一个符合自己学习风格的最终方案，如访谈（针对更喜欢交往的学生），短篇故事（针对喜欢写作的学生），PPT 演示文稿呈现（技术好的学生），详细图解（针对有艺术倾向的学生），音乐创作（针对有音乐才能的人）等等。为了将准备状态的要素包含进来，教师可以允许学生选择方案的类型，但要对内容进行指导。作为项目基础的内容可以是阅读不同难度水平的课文（如文章、课本的章节、图画书），而研究项目重点关注的是涵盖不同难度水平的主题，或分析不同的实验结果，以及将项目建立在研究发现的基础之上。

差异化教学策略的建议

表 5.3 展示了几种策略以及差异化教学的建议。表中简要介绍了每种策略的内容及其如何使用的例子，包括内容、过程和（或）结果的识别及其是否适用于学生的准备状态、兴趣或学习风格。更为全面的应用及对某些策略的解释会贯穿于书中。不过，鉴于该主题内容具有广泛性，因此一本书不可能囊括所有关于差异化教学的必不可少的信息。因此，参考书及一份阅读清单有助于提高教师对差异化教学的意识、领悟和执行能力。

表 5.3　差异化教学	
策略是什么	**如何使用策略**
各种文本、资源、补充材料	适合准备状态的内容：教师可以准备多种不同可读性水平的阅读材料，例如不同年级水平的课文节选（不只是从当前年级的课文中选），出版的补充材料，各种文章，图画书等等。教师基于学生的阅读能力给每个小组或个人布置具有适度挑战性的课文。
	适合兴趣的内容：在以准备状态为基础的情境中，给学生布置具有适度挑战性的阅读材料。在以兴趣为基础的模式中，学生选择包含他们感兴趣的主题的课文、资源及材料。
	适合准备状态的过程：与为学生提供广泛的阅读材料获得内容方面的知识一样，教师要有大量不同难度水平的材料，使学生可以加工这些内容。高成就的学生可以阅读更复杂更高级的材料，可以为后进生布置不太复杂的材料。另外，教师可以对这些学生使用其他差异化教学策略，如组成阅读伙伴以及使用笔记来指导或完成阅读。

	适合学习风格的过程：当给学生提供各种内容的学习材料，如访谈、证明、计算机软件、录像或阅读片段时，教师要考虑到学生的学习风格。
通过图形组织者（或其他方法）组织观点	适合准备状态的内容或过程：当学生阅读不同难度水平的课文、材料或听讲座时，教师可以基于学生的准备状态布置不同的图形组织者，给一些人布置比其他人更具挑战性、要求更复杂的理解的组织者。虽然组织者在设计和复杂性上有差异，但仍要期望所有的学生获得对整个主题的概念性理解。教师可以从学生那里复制和分享已完成的组织者，这些学生将从同学的评论中获益。教师也可以给学生提出不同的组织者用作写作前构思的工具。这些头脑风暴单是修改过的或更复杂的，而且每个都能反映出不同学生所做的写作题目。
	适合学习风格的内容或过程：一些学生通过概括来组织信息以更好地理解和吸收信息，一些学生更喜欢写作简短的摘要。教师允许学生选择最适合个人学习风格的组织方法，就会帮助学生掌握信息。除了概括和总结外，学生可以创建或选择网络、图表、图示、情节串联图板等以适合个人学习特点的方式组织思想。有许多网站展示了图形组织者的特点： http：//www.eduplace.com/graphicorganizer/ http：//www.edhelper.com/teachers/graphic_organizers.htm http：//www.nvo.com/ecnewletter/graphicorganizers/ http：//www.region15.org/curriculm/graphicorg.html
阅读伙伴或同伴交互教学（Palincsar，1985，1986）	适合准备状态的内容：让学生配对来阅读材料以补充呈现的概念。学生先默读材料，然后相互大声朗读，讨论呈现的材料。为了根据准备状态进行差异化教学，教师可以让阅读能力相当的学生配对。教师也可以选择使用交互式教学策略，让同伴通过预测、提问、总结、澄清这些规定的方法来讨论和理解所读的材料，这体现了交互式教学策略的特点。
各种计算机程序	适合准备状态的内容：正如教师基于学生的阅读和理解水平给学生布置设计好的阅读材料一样，教师也可以让学生去做与自己能力相匹配的某一难度水平的软件工程。

录音材料	适合准备状态 / 学习风格的内容：一些学生在听录音材料时能够对材料吸收和理解得更好。允许那些阅读有困难的学生或那些高度听觉型的学生在阅读一个片段的场所听录音材料，之后可以反复阅读片段，或补充带有录音片段的阅读。下面是一些选择： · 克兹维尔（Kurzweil）3000（www.kurzweiedu.com）是一种程序软件，用来帮助成绩差的学生以及某些有学习障碍的人来阅读和书写，帮助他们成为独立的学习者。学生可以浏览教师的讲义或文章，并且克兹维尔会把文章大声读出来。学习者可以选择读得慢一些或快一些、记笔记以及突出显示课文。 · 微软的 word 有录音的特点，可以帮助学生阅读。 · 教师也可以把课程录下来，让学生再次听讲，阅读附加的课程笔记。 · 如果目前找不到磁带或 CD 上的故事，就邀请那些阅读时抑扬顿挫的学生将故事录下来与同学分享，学生将会从聆听中受益。学生也可以将小说从 iTunes 中下载到他们的 ipods 上，但这种资源是有限的。 · 盲人和诵读困难者的录音 / 盲人及阅读困难症患者专用录音服务（Recording for the Blind & Dyslexic，RFB & D）是一个非盈利性志愿组织，为不可能阅读或阅读普通印刷品有困难的残疾学生（如视觉缺损或诵读困难）制作了容易使用的教育资料。他们用数码录制的课本和小说涉及每个学科领域，也包括从幼儿园到毕业生各个年级水平。感兴趣的人可以成为会员，它的运作类似于图书馆（www.rfbd.org）. · 公共领域的免费有声书库（Libri Voxlibrivox.org）提供来自公共领域的免费有声读物。志愿者将公共领域的图书章节录制下来，并且将音频文件发布在网上。他们的目录中有 1500 多种作品可供选择。
录像带	适合准备状态 / 学习风格的内容：让学生观看录像带来补充解释或讲授。
视觉、听觉、触觉、动觉模式	适合学习风格的内容：为了使全体学生的学习机会最大化，教师要呈现可以满足学生不同学习风格的内容。例如，教师可以在讲课时（听觉的）用投影仪、实物投影或 PowerPoint 幻灯片上展示图形组织者或笔记（视觉的）。教师也可以建立有实物的数学园地（触觉的），或安排学生表演话剧的一部分（动觉的）。

拼图 （Aroson，1978； Clarke，1994； Clarke，Widerman， & Eadie， 1990；Slavin， 1994）	**适合准备状态 / 兴趣的内容与过程**：拼图策略包括不同组学生基于准备状态或兴趣阅读不同的材料。然后学生之间相互教授所学到的知识。学生组合1号：学生按最初的小组来安排并分配或选择较大学习主题中的子主题。学生阅读、讨论并澄清有关子主题的信息，成为专家。学生组合2号：学生组成不同的组，由第一组中成为子主题专家的个人组成。每个学生的工作是给组里其他人教授她（或他）从第一组中学到的。不清楚的学生可以提问，并且把同学对子主题的解释记下来。在练习结束时，学生会学到几个子主题方面的知识。 **拓展**：教师可以用其他活动对拼图进行拓展以促进学生对读物的理解，而且他们对此可以进行评价。
课程压缩 （Reis，Burns， &Renzulli，1992）	**适合准备状态 / 兴趣 / 学习风格的内容、过程或结果**：根据雷斯等人（Reis，Burns，& Renzulli，1992）的观点，"课程压缩（curriculum compacting）这一术语指的是一个过程，即教师在教学前预先评价高出一般能力水平的学生在内容方面的技能或知识，并利用该信息调整课程。"该策略适用于能够以较快速度掌握知识的学生。虽然作者提出了8个具体的步骤，但是课程压缩有三个基本的阶段： ·确定所教课程的学习目标或标准； ·预先评估学生在特定单元所知道、理解以及能够做的； ·基于评价结果为已经掌握学习目标的学生做计划，并提供丰富的课程。虽然准备状态会使课程压缩，但是教师应该与学生一起考虑兴趣和学习风格偏好。
学习契约 （Tomlinson，2001； Winebrebber，2001）	**适合准备状态 / 兴趣 / 学习风格的内容、过程或结果**：学习契约是师生之间关于学生在教师指导下独立工作的协议。它可以是课程压缩计划的一部分，也可以不是。契约可以采取许多形式，可以针对个体或学生小组使用。例如，预先评价中已经掌握某些技能和概念的学生可以按照学习契约工作，而班级其他同学则按教师的指导来学习。在某些课上，这些学生按契约独立工作，但在其他时候他们加入班级参加整个团体的活动或课程，内容是他们需要学习的。有学习契约的学生必须遵守教师制定和学生同意的使用条件和规则，如安静工作、不干扰教师的教学、遵循活动指示、保持所完成工作的记录、遵守时间界限等。成绩标准（或评分指南）是使学生完成计划时集中注意所必需的。

学习中心	适合准备状态的过程：教师可以通过学习中心教授、拓展并强化某个特定单元的技能和概念。在该策略中，教师可以在教室的任何一个地方如地板上、后面的桌子、拼在一起的课桌上来做一些有意义的活动，并组织或安排这些活动的材料和指示。然后把学生安排到某项活动或学习中心中，基于准备状态获得他们需要的能力。例如，教师指导一些学生参观1号中心和2号中心，只要时间允许还可去其他中心。其他学生参观3号中心和4号中心。学生通过设置在教室中的可视录像设备或把作品放在文件夹里来展示每个中心完成的工作。
兴趣中心	适合兴趣的过程：与学习中心相似，兴趣中心建立在教室中，或者是放置在文件夹或盒子里，这些可以在学生的课桌上工作。兴趣中心用来让学生基于其兴趣进一步深入探索某个主题。这种基于兴趣的动机是兴趣中心与学习中心的不同之处，更加关注学生的掌握情况。兴趣中心的主题可以与当前学习单元或单元外的另一主题有关。
练习掌握知识和技能的游戏	适合准备状态的过程：教师可以安排学生玩各种游戏来复习或掌握技能与知识。教师或学生可以按难度水平准备游戏卡片，指派学生回答所选的问题。教师可以在流行游戏（如危险游戏Jeopardy，宾果游戏）的基础上制作游戏卡片，或者制作自己的游戏板，并基于单元内容创作线索。线索和答案卡片可以根据难度水平用色彩编码。学生可以将不同的概念或词汇/术语表演出来让其他人猜。如果不是自己创作，教师可以在学术联合会（那里商家出售软件）、教师供给机构找到各种游戏，也可以在线搜索，或者改变流行的游戏来满足学生的需要。
抛锚活动	适合准备状态/兴趣的过程：由于学生的工作节奏不同，因此在差异化的课堂中，当学生提早完成任务时，可以让学生进行活动的选择（抛锚活动，anchor activities）以继续独立工作。当学生从事这些对课程或单元的概念和技能加以拓展的活动时，教师就有机会抽出个别学生或小组进行评价或进一步的教学。

小型工作坊	适合准备状态的过程：为了讲授或重新教授一种技能、概念或主题，教师可以实施小型工作坊，邀请那些挑选出来需要进行针对性的提高学习的学生参加。通过预先评估及不间断的评估，教师可以诊断出哪些学生需要额外的指导。教师将邀请那些学生参加有关该技能、主题或概念的小型工作坊，来辅助整个团体教学。小型工作坊也称作：（1）小组教学；（2）弹性技能分组（此称呼仅限于小组工作只关注技能构建的情况）。教师可以在小组实施小型工作坊，而其他人继续进行抛锚活动（anchor activities）。
家庭作业的布置	适合准备状态的过程：教师根据准备状态给学生布置一定难度水平（相匹配）的作业。差异化的家庭作业用于进一步检验和挑战学生对特定概念、技能或主题的理解。例如，教师可以布置不同水平的写作或数学提示（math prompts）。在语言艺术课上，教师可以安排不同复杂程度的短篇故事；在科学课上，教师可以提供不同难度水平的科学文章让学生阅读和总结。
多种水平的提问（加利福尼亚教育部，1994）	适合准备状态的过程：提问是课堂上使用的一种有效策略。但在差异化的课堂中，要有目的地设计不同难度和复杂程度的具体问题，让小组学生挑战。不过所有的问题都要与课堂上正在学习的全部概念相关。教师在设计差异化的问题时，有必要仔细钻研南加利福尼亚罗斯尔教育学校桑卓·卡普兰（Sandra Kaplan）博士的研究。根据卡普兰的研究，关键词以其学科内的深度和跨学科的复杂性而被用作丰富内容知识的刺激物。鼓励提问的关键词和词组包括模式（patterns）、规则（rules）、趋势（trends）、词汇（vocabulary）、道德规范（ethics）、特质（traits）和目的（purposes）。
离场券	适合准备状态的过程：教师要准备好在课堂的最后3～5分钟向学生发布的提示。提示与当日课程有关，作为一种教师检查学生对知识的理解程度以及学生对重要学习进行反思的方式，学生要对它们做出回答。学生可以在索引卡或纸片上做出回答。学生把姓名写在离场券上，教师把它们收集起来。之后，教师根据学生的理解将卡片分成三堆：（1）达到目标和对所教内容有清晰理解的学生；（2）"听懂"了的学生；（3）明显困难并需要额外帮助的学生。有了这些信息，教师可以通过调整或拓展后续的课程来进行差异化教学。作为教师常规工作的组成部分，离场券可以不间断地被使用，也可以在教师认为必要时定期使用。一些教师将卡片称作"离场券"（tickets to leave），因为学生在离开教室前要把卡片交给教师。

读书会 （Daniels，1994）	适合准备状态 / 兴趣的过程：教师给学生提供收集来的各种阅读水平及学生感兴趣主题的书。在小组中，学生阅读相同的书，每个人分配可以轮换的具体角色。设置角色的目的是通过提供结构化的方式让学生钻研文学作品的复杂性，从而理解作品。一旦学生熟悉了角色，每项工作就不再是结构化的，而成为很自然事情。同样的模式也可在非小说类文学作品的课文中使用。
思考－配对－分享 （Lyman，1981，1992）	适合准备状态 / 兴趣的过程：为了督促学生回答问题和分解"等候时间"，教师可以实施思考－配对－分享（Think-Pair-Share，T-P-S）策略以鼓励学生参与。T-P-S 的使用需要：（1）教师提出有思想的问题；（2）学生单独思考或写下一个答案；（3）学生与另一个人配对，讨论可能的答案；（4）配对，然后与整组学生分享他们的答案，并继续讨论。该策略可以用多种方式进行差异化，如按准备状态给学生配对，或根据兴趣给不同组提出问题。
各种日志提示	适合准备状态 / 兴趣的过程：教师可以创建一个在整个学习单元中使用的提示目录。学生可以对感兴趣的提示做出回答，教师也可以根据复杂程度给小组分派具体的提示。为了满足学生的兴趣和准备状态，教师可以在学生的能力水平范围内提供基于兴趣的提示选择目录。
小组工作偏好	适合学习风格的过程或结果：有些学生独自工作的效果最佳，而有些人在小组内表现突出。教师让学生选择独自、成对或在小组中完成活动，就是根据学生的学习风格进行差异化教学。
网络专题探究 （Web Quests） （Kelly，2000）	适合准备状态 / 兴趣的过程或结果：网络专题探究是一种短期或长期的个性化的或小组的方案。该模式是由圣地亚哥州立大学的伯尔尼·道奇（Bernie Dodge）于 1995 年 2 月提出的，此外还有来自圣地亚哥州立大学（SDSU）及太平洋贝尔合伙人汤姆·马奇（Tom March）、圣地亚哥联合校区负责教育技术的全体职员以及每年夏天"教师联合会培训"（the Teach the Teachers Consortium）一批批参与者的早期投入。当学生对教师预先选择的网站上的信息进行研究时，其关注点是探究取向的。学生阅读并分析网站的资源，形成一项成果来表明自己的理解水平。这项活动或方案以及相关网站的特点既可以根据学生的准备状态或兴趣水平进行差异化教学，又可以是两者相结合进行差异化教学。

独立学习	适合准备状态/兴趣的过程或结果：在独立学习中，学生与教师讨论一个主题，该主题是形成某个方案的基础。焦点可以是基于现实问题的或学生感兴趣的主题探索。教师与学生共同决定完成某项成果的过程中要遵循的步骤、每个步骤的时间期限、采用的成果形式以及成功的标准。独立学习也是基于准备状态的，因为一些学生可能没有准备好承担独立完成任务的责任。学生可以独立、成对或在小组中工作。
复杂教学 （Cohen，1994）	适合学习风格的过程或结果：教师通过创建和指派适合每个学生智力优势的、具体的、有挑战性的复杂学习任务来突出每个学生在合作小组中的才能与贡献。其重要目的之一就是让学生在合作生成有意义的成果时欣赏彼此的智力优势。例如，让学生一起工作，共同创作一个虚构的岛。项目内的任务包括创建一个小册子，画出有传奇故事的详细地图，就岛上的政治观点进行演说。
角色—观众—形式—主题 （Santa，1988）	适合准备状态/兴趣的过程或结果：RAFT 是角色（role）、观众（audience）、形式（format）和主题（topic）的首字母缩写。学生要完成的作业需考虑到 4 个成分:(1)角色：该篇是根据谁的观点写的？学生应该分派什么角色？（2）观众：谁是观众？谁会看、谁会读或谁会使用？（3）形式：成果以什么形式呈现能够更有效、更有意义地说明学生对知识的理解？（4）主题：成果或作业的焦点话题是什么？教师可以为有准备的学生提供更具挑战性的 RAFT 选择，或者根据兴趣来选择，以便学生能够选择他们最喜欢的 RAFT。例如： **美国革命** | 角色	观众	形式	主题
---	---	---	---
乔治·华盛顿	受伤士兵的母亲	个人信件	她的感受如何
乔治国王	自由之子	文件	为何独立是个坏主意
帕特里克·亨利	保皇党人或中立主义者	宣传资料	为什么说为独立而战是重要的	

续表

<table>
<tr><td colspan="4" align="center">金　钱</td></tr>
<tr><td>角　色</td><td>观　众</td><td>形　式</td><td>主　题</td></tr>
<tr><td>店主</td><td>顾客</td><td>广告</td><td>所有商品打九折或八五折</td></tr>
<tr><td>面包师</td><td>顾客</td><td>橱窗告示</td><td>广告中说明某些烤好的面包打六五折，其他七五折</td></tr>
<tr><td>餐馆老板</td><td>用餐的顾客是地位较高的市民</td><td>打折菜单</td><td>主菜打八折</td></tr>
</table>

小组调查（Sharon & Sharon，1992）	适合准备状态/学习风格的过程或结果：在小组中，学生在一般问题领域内选择并探究具体的感兴趣的子主题。学生在收集、组织和分析信息时，依赖多种资源计划并执行调查。小组按适合其学习风格的不同形式呈现他们的信息，其他同学和老师对其呈现的报告做出评价。
分层活动、实验、作品（Tomlinson，1999）	适合准备状态的过程或结果：教师创建各种有趣的、引人深思的活动形式，或是各种难度水平的成果综述，然后给学生分配适当挑战水平的活动或成果。尽管它们在复杂程度上不同，但所有的分层作业都会聚焦于全体学生应该知道、理解和能够做的知识和技能。学生可以两人一组，或在小组内与有相似准备状态的同学一起工作，也可以独立完成。如果学生在小组内工作，那么鉴于特定课堂中学生的能力水平，每个小组的人数不必相同。例如，在一个小组中可能会有4个高成就者，2个后进生。其余小组由中等水平的学生组成。一般情况下活动或结果是分层的，这样活动或结果的复杂程度就会有3种不同水平，但也可以是2种或5种水平。例如：在一个诗歌单元中，可以将一项特定的作业进行分层，高于一般水平的学生需要确定和分析诗人在深奥的、复杂的诗歌中使用的比喻、象征和想象；中等水平（年级水平）的学生，要确定和分析不太复杂的诗歌中所用的比喻是什么；后进生需要在适合他们的水平上寻找一首诗中的两个明喻，并在教师指导的小组中讨论作品中明喻的目的是什么。

井字游戏（由 Winebrenner, 2001；Tomlinson, 2001 改编）	适合准备状态 / 学习风格的过程或结果：教师创建各种学习风格的结果选择（如创作一个幽默故事、创作一首歌、写一个短篇故事或一首诗），并把它们放在井字游戏格子里。学生选择自己想要完成的作业或结果，这样他们就能赢得井字游戏。具体来说，学生从水平、垂直或对角行列里的 3 项作业中进行选择。教师可以基于难度水平对行里的任务加以适当改变，从而有目的地设计适合学生准备状态的游戏。教师也可以创建 3 种游戏，每种适合一种能力水平。按照这种方式，游戏可作为适合学习风格和准备状态的分层作品。
文件夹	适合按兴趣分组的结果：教师可以让学生把他们最好的作品收集到一个文件夹中。为了指导学生收集作品，教师可以给收集内容列一个清单供他们选择。在文件夹中，学生需要回答一些自我反思的问题，如：哪件作品是你最喜欢的？为什么？你可能会修改哪一件作品？哪一件是最棒的？哪一件是最具挑战性的？为什么？
年级水平以及个别学生的学习评分标准	适合准备状态的结果：评分标准（rubrics）或评分指南（scoring guides）对如何评价学生以及特定结果做了描述。它能指导学生和教师识别出高质量的结果。有时教师可以找到或创建一种反映评价的主要标准的评分准则。他们可以为课堂中不同水平的学生创建评分准则，让他们留意满意的标准。其他时候，教师和学生可以共同创建一种评分准则，作为从事项目时设置目标的指南，使用起来难度并不大。竖列代表成绩因素（如超出或达到年级水平、有能力的、正在发展的、超出一般的，或标为 1 到 4、5 或 6），横行说明被评价的标准。
自我探究（Joyce & Tallman, 1997；Macrorie, 1988）或研究方案	适合兴趣的结果：在一篇 I-Search 论文中，学生通过探究自己提出的感兴趣的问题来主动从事研究过程。研究包括提出研究问题到展示所获得的知识的 4 个步骤。对于传统的研究论文，学生可以在较大的学习单元内选择感兴趣的主题。
为结果提供指导的社区导师	适合兴趣的结果：教师可以把社区中的雇员安排为导师，帮助学生完成某一成果。例如，进行独立研究或研究 I-Search 论文的学生，可以选择与环境有关的主题。为了研究与该成果有关的信息，学生可以花时间与环保人士一起工作，以更好地理解工作中要求具备什么资格，这些雇员会面对什么问题，如何参与环境的研究等。

社区服务方案	适合兴趣的结果：学生可以确定社区的某种需要，建立延伸到社区的服务性学习方案。这对许多学生来说是有趣的，因为能够让他们在感兴趣的领域从事现实生活中的工作。例如，学生可以在学校启用一项废物利用方案，组织培训活动使学习困难的学生受益，定期参观老年中心，给老人阅读或与他们玩游戏，或者（需要的话）在当地娱乐中心的一项运动中训练年幼儿童。
结果形式的选择	适合准备状态/兴趣/学习风格的结果：教师可以让学生从教师或学生确定的选择目录中选择要完成的结果来展示他们对所学内容的理解。当考虑到每个学生的学习风格时，重要的是能提供几种可供选择的结果。例如，教师可以列出各种选择，如访谈、短篇故事、立方体方案（project cube）、游戏板（game board）、歌曲、PPT呈现等。为了设计适合准备状态和兴趣的结果，可以提供广泛的主题选择，对超出一般能力的学习者可以更具挑战性、更复杂，对后进生不要太有挑战性、过于复杂。要保证所有的选择都是有趣的、精心构思的，同时也允许学生展示概念性和"观念"（big idea）学习的证据。在学生完成结果的过程中，确立一个成绩标准（评分准则）来指导学生是很必要的。
调整成绩评价	适合准备状态/学习风格的结果：教师可以通过调整评价和教师支持来帮助学生展示他们所学到的东西。例如，对于完成一篇教师指定的书面文章来展示学习成果有困难的学生，可以用记录他们回答文章中问题的答案来代替。在精细动作方面有问题的学生，可以操作键盘输入他们的答案。对学生的成功给予支持的其他方式还包括：(1)延长作品的上交日期；(2)全程提供检测点，让学生用日历记录并完成大块的工作；(3)提交部分结果，按部分来评价。

总　结

差异化教学并非意味着每一堂课或每个单元都要包含适合每个学生的兴趣、准备状态和学习风格的差异化内容、过程和结果。正如卡罗尔·汤姆林森（1999）

在她的《差异化课堂：满足全体学生的需要》（*The Differentiated Classroom：Responding to the Needs of All Learner*）一书中陈述的，"教师可以根据学生的一种或多种特点（准备状态、兴趣、学习风格），在讲授某个课程或单元的任何时候采取一种或多种课程要素（内容、过程和结果）。"在许多时候，教师在整个班级对学生进行整个单元的教学，然后发现针对某些活动将学生分成差异化的小组是与单元目标一致的。大体上，在适当的时候将差异化编入或脱离某个单元，对于每一次该如何上好每节课或单元并没有规定。此外，差异化教学并不意味着给成绩好的学生更多的工作，让水平低的学生反复训练。教师进行差异化的方式和程度取决于学习目标和学生，但最重要的是它取决于教师在为学生服务的教育名义下，以更有效的方式为学生的成长和启迪做最好的事情的愿望。

　　差异化可以通过许多不同的方式获得。讲授相同课程或单元的两位教师，只要他们能够明确特定课程或单元的目标，即使使用不同的技巧，他们也都可以有效地进行差异化教学。依据课程标准和对目标的领悟，教师可以设计出与学生的能力水平、学习风格和兴趣相匹配的有思想的课程。本章列出了各种进行差异化教学的机会（见表5.4的简要回顾）。在下面的章节中，教师会看到使课堂差异化成为现实的具体例子及其他帮助。

表 5.4　差异化教学：简要回顾			
策　略	准备状态	兴　趣	学习风格
内　容			
各种文本、资源、补充材料	×	×	
通过图形组织者组织观点	×		×
阅读伙伴或同伴 / 交互式教学	×		
各种计算机程序	×		
录制的材料	×		×
录像带	×		×

续表

视觉的、听觉的、触觉的、动觉的模式			×
拼图	×	×	
课程压缩	×	×	×
学习契约	×	×	×
过　程			
各种课文、资源、补充材料	×		×
通过图形组织者（或其他方法）组织观点	×		×
拼图	×	×	
课程压缩	×	×	×
学习契约	×	×	×
学习中心	×		
兴趣中心		×	
练习掌握知识和技能的游戏	×		
抛锚活动	×	×	
小型工作坊	×		
家庭作业的布置	×		
多种水平的提问	×		
离场券	×		
读书会	×	×	
思考－配对－分享	×	×	
各种日志提示	×	×	
小组工作偏好			×
网络专题调查（Web Quests）	×	×	
独立学习	×	×	
复杂教学			×

续表

角色—观众—形式—主题（RAFT）	×	×	
小组调查		×	×
分层活动、实验、结果	×		
井字游戏	×		×
结　果			
课程压缩	×	×	×
学习契约	×	×	×
小组工作偏好			×
网络专题探究（Web Quests）	×	×	
独立学习	×	×	
复杂教学			×
角色—观众—形式—主题（RAFT）	×	×	
小组调查		×	×
分层活动、实验、结果	×		
井字游戏	×		×
文件夹		×	
年级水平以及个别学生的学习评分标准	×		
自我探究（I-Search）或研究方案		×	
社区导师		×	
社区服务方案		×	
结果形式的选择	×	×	×
调整成绩评价	×		×

图形组织者

——促进差异化教学的工具

帕蒂·德拉波

图形组织者是我们所拥有的支持差异化教学最有力的工具之一，许多教师把这些图形组织者应用于整个课堂活动之中。虽然这种教学活动可能是有效的，但是整个班级的课程会受到限制，这是因为图形组织者有些时候只适合用于某些学生的学习。图形组织者的多样性使其成为差异化教学的理想工具。如果教师能够考虑到实施差异化教学的原因，那么他们就能理解如何使用图形组织者来满足学生的兴趣、风格和能力。

下面我列举了差异化教学的 10 条原则（选自 Tomlinson，1999；Tomlinson & McTighe，2006），以及与这些原则相对应的图形组织者的使用方法（见表 6.1 及后面的讨论）。这些原则不分优劣，它们都很重要且常常是相互关联的。

表 6.1　图形组织者支持差异化教学的方式

差异化教学的原则	图形组织者的应用
1. 调整内容、思维过程以及（或）结果以满足学生的愿望、兴趣和风格。	1. 在不同时间针对不同学生使用高水平的思维图形组织者。
2. 调整教学节奏以适应学习速度。	2. 使用图形组织者的学生可以学得更快，因为提高了学习速度；若是较慢的话，那是因为信息加工中有延误。

3. 提供不同水平的帮助。	3. 图形组织者本身提供了某种水平的帮助,因为它可以指导学习过程。
4. 尽可能多地提供可以控制的选择。	4. 开放的选择很好,但没有选择也是可以的。必要时只提供两三个图形组织者来控制选择。
5. 通过各种小组练习和不同类型的教学策略来培养主动学习。	5. 格式(formats)为小组及两人一组的讨论提供指导。
6. 提供反馈和不同类型的评价。	6. 图形组织者让教师看到学生是如何思考的。评价量表和准则为信息反馈提供了指导。
7. 考虑到资源的多样性和对课文的调整。	7. 基于扩展的或有限的资源,图形组织者是有用的工具。
8. 调整作业的长度、时间和复杂性。	8. 简化图形组织者,给予更多的时间填写图形组织者,整合不同复杂程度的内容。
9. 提供鼓励个体差异、促进个人成功的激励性的课堂环境。	9. 对批判性、创造性思维给予表扬,提供选择,允许调整。
10. 为教师和学生设计管理策略。	10. 使用文件夹保存图形组织者,使用电子数据表(spreadsheets)记录学生的选择。

1. 根据学生的愿望、兴趣和风格。只要学生愿意在复杂水平上去思考内容,就可以使用高水平的思维图形组织者(Drapeau,2004;Howard & Fogarty,2003;Jensen,2006;Tomlinson & Edison,2003)。尚未准备好在此水平应用知识的学生可以比其他学生晚几天接受图形组织者。按照这种方式,在其他教学策略的帮助下他们可以有额外的时间去复习基础知识,然后在更复杂的层次上应用所学的知识。我们知道,有些学生对某一学科领域中的某个主题会更感兴趣(Gregory & Chapman,2002;Tomlinson & Edison,2003)。学生可以使用不同的图形组织者来处理自己兴趣领域内的工作。我们也知道大多数学生喜爱视觉化的学习风格。"2001 年 3M 公司所做的研究发现,大脑加工视觉化的东西比加工文本内容快 60,000 倍,而且课堂中视觉化的帮助可以使学习效率高达 400 个百分点"(Gangwer,2005,p.24)。刚沃尔(Gangwer)建议,对视觉化学习者可以使用色彩、图形、图表和图片。当记忆信息时,视觉化学习者常常是

在信息编码并存储在长时记忆之前反复将信息书写下来。一般来说，无法在更高水平思考的视觉化学习者，借助图形组织者的视觉形式将会有更多成功的机会。

2. 调整教学节奏。我们知道，一些学生学东西会比另一些学生用的时间长一些。在了解、领悟、应用和记忆知识时，天才和有能力的学生要比其他人花费的时间更短。一般学生在真正掌握一个单词前，需要该单词有意义地呈现7～14次（Beers，2003）。图形组织者可以用来帮助学生攻克有困难的或学得慢的课程。

3. 提供不同水平的帮助。本书中图形组织者的形式和语言可以为学生提供某种支持。学生不仅可以更有效地完成自己的工作，而且他们让教师给予帮助的要求会更少。认知图形组织者通过思维过程来帮助学生，这样能给学生提供线索一步一步前进。不过，写作方面有困难的学生或缺乏写作技能的低年级学生，在表达自己的思想时仍需要教师或同伴的帮助。

4. 提供可控的选择。选择能够促进学生的投入与学习动机（Glasser，1999；Sprenger，2005）。无论什么时候，只要有可能，就要为学生提供促进其深入学习的图形组织者的选择，以培养他们的批判性与创造性思维。当学生有选择机会的时候，他们会感到被赋予了主动权，因此我们可以预期这会提高学生的学习动机。不过，选择并非意味着放弃对学习过程的全部控制。教师可以在两个或三个图形组织者之间给学生提供有限的选择。

5. 通过小组练习和教学策略来培养主动的学习。每个小组可以处理相同的内容，而且他们可以使用不同的图形组织者。图形组织者形式的使用为促进小组讨论提供了一种富有成效的结构。小组成员不必去想如何将他们的反应结构化，因为他们有一个工具可以帮助完成此事。

若没有一个基本的结构来帮助小组运行，那么有些小组就不能进行下去。不管学生是两人一组还是单独作业，图形组织者都会帮助学习者关注任务。在某些情况下，学生调整图形组织者来为其反应创造空间。每一组学生向全班成功地汇报自己的成果，并且要与其他组一起讨论他们的反应。

6. 提供反馈和不同类型的评价。本书中呈现的认知图形组织者可以有具体的反馈，这是因为组织者的结构提供了一扇透视学生推理的窗口。框架让你和学生可以看到学生是如何思考的（Burke，1994）。教师能够看到学生要得出更完整或更佳的答案时在何处需要帮助。威金斯建议，"要使用真实的反馈使学生可以进行自我调节"（Wiggins，1998，引自 Tomlinson & McTighe，2006，p.77）。与图形组织者一起使用的评价系统和准则是教师的工具，用来向学生证明如何检查以判断他们的答案是否合乎逻辑、具有理性或具有创造性。由于本工具提供了共同的语言，因此学生更容易理解反馈信息。

7. 考虑到资源的多样性和文本的可调整性。有些学生可能需要多样性的资源和可调整的文本（Forsten，Grant，& Hollas，2003）。对于高水平的学生而言，这意味着他们会利用许多不同的资源，并加以组织和综合。对于后进生而言，这可能意味着他们只需阅读关键的段落。在两种情形下，图形组织者均有助于学生在其能力水平上更加深入地思考学习内容。

8. 调整作业的长度、时间和复杂性。这意味着缩短或改变图形组织者，教给学生使用图形组织者中的一些步骤，而非全部。大量的步骤对一些学生来说着实太多。不过一些学生喜欢将信息拆成详细的步骤，一些学生可能需要更多的"思考时间"来完成图形组织者。使用批判性思维和创造性思维的学生，在回答一个提示时可能要比回答事实性问题需要更多的时间。

9. 提供鼓励个体差异和促进成功的支持性的课堂环境。如果学生处于不敢表达自己观点的环境中，那么即使是最好的图形组织者也是无法发挥作用的。教师可以通过对学生的关心以及表达自己的情绪来与学生建立关系（Intrator，2004，p.23）。由于图形组织者给学生提供了一个以上的正确答案，因此学生需要信任他们的老师。他们需要懂得教师是在要求他们思考学习内容，然后陈述自己的观点，这与陈述一个正确答案是不同的。

在鼓励性的课堂环境中，你需要对批判性思维和创造性思维加以示范。"在所有教学策略中，示范是迄今为止最有效的"（Forgarty，1994，p.xiv）。尊重个体差异的一种方式就是接受批判性和创造性推理。两种类型的思维都是重要的和必需的。认知图形组织者帮助教师向学生证明他们是重视各种思维的。

10. 设计管理策略。重要的是要保证差异化不能超越教师或学生。我们用一个文件夹系统就可以很容易地把图形组织者管理起来（Drapeau，2004），并且放置在教室的某个特定区域。学生可以在需要新的图形组织者时取出文件夹。如果提供了许多选择，你必须留意学生是否反复选择相同类型的图形组织者。虽然某种特定的思维技能可能是学生偏爱的思维风格，但是确保学生能够体验各种思维技能依然是重要的。

一张简单的电子表，纵向一栏是学生的姓名或号码，上面一行是"动词"，可以帮助你记录谁选择了哪种类型的图形组织者。在一张总的清单上，年龄较大的学生可以检查他们选择的图形组织者类型；对于年龄较小的学生，教师则需要做记录。为了促进多样化，你可能要制定规则，例如，学生不能连续3次以上使用相同的图形组织者，或者在一个学期中超过5次。你可能不会在课堂情境中使用这些规则，但是需要考虑到这些事情。

另一个问题是作业的管理。换言之，给各种作业评分要比每个人都使用相同图形组织者的作业花费更长的时间。要做适合你自己的。如果感觉一次只能批改一两个图形组织者，那么就提供有限的选择。设法基于批判性思维来提供一个图形组织者，基于创造性思维提供第二个图形组织者。按照这种方式，你可以为不同认知风格的学生提供选择。

还要记住的是并非每一项都要评分（Wormelli，2006）。如果图形组织者是用于考试复习、讨论工具、草稿的一部分，或用于为最后的活动组织信息时，为它们打分就没有必要了。

使用图形组织者进行差异化教学的六种方式

我已经找出六种使用图形组织者进行差异化的方式，其中的五种关注的是根据学生的需要修改图形组织者本身、提示及资源。差异化的第六种方式涉及当现有的图形组织者在某情境中不能发挥作用时，要创建你自己的图形组织者。

教师和学生都可以使用这些步骤来创造他们自己的版本。下面我们将审视这六种差异化方式的优势与不足。

开放性提示（The Open-Ended Prompt）

· 所有学生使用同样的高水平思维图形组织者。

· 所有学生听到同样的提示。

· 所有学生使用同样的资源。

注：学生可以根据其理解水平来反应。

第一种差异化的方式涉及开放性提示。提示是一个指令，学生在图形组织者上作出反应。提示通常用陈述的形式，但可以包括一个问题。例如，教师要求学生"使用框架拼图图形组织者（Framed Puzzle graphic organizer）来分析故事开头和中间斯坦利（Stanley）的行动"。这样的指示让教师对整个班使用相同的图形组织者、相同的指示以及相同的资源。图形组织者提供了一个可以顾及基本水平差异化的开放结构。教师期望学生作出反映其对人物性格基本理解的反应。这就是差异化教学，因为学生能够根据自己的理解水平做出反应，鼓励的是所有学生而不仅仅是那些能力强的学生。

使用开放性的指示对于刚开始在课堂进行差异化的教师很有效，而且对于整体的课堂教学也是适合的。当教师提出一个基本问题时，他们常常想让所有学生同时做出反应。然后他们可以利用学生的反应进行课堂讨论，以使全体学生获得对问题答案的全面理解。不过，这只是在所有学生拥有对指示做出反应的知识以及活动对所有学生具有同样挑战性的情况下是公平的。既然难以创建一个对所有学生具有同等挑战水平的指示，那么这种选择就应该谨慎使用。

不过，这种基本水平的差异化是一种使教师习惯于使用新的图形组织者的容易的方式。教师可能会在开始讲解这一词时感到棘手，学生可能也想知道教师为什么花时间研究这个动词的意义。优秀的教学实践是与学生讨论这一词汇，给他们展示如何填充图形组织者、如何使用评价量表或准则（rubric），以及示范一堂有代表性的课。学生可以整堂课都来完成一个图形组织者，教师可以在黑板、投影仪、活动挂图上记录学生的反应。那么在多数情形下，当学生理解表格设计的工作原理以及清楚教师的期望时，他们就准备好自己使用组织者了。

　　当学生收到相同的图形组织者，听到相同的提示，使用相同的资源时，使用图形组织者的优势会很多（见表6.2）。首先，学生会投入相同的活动。教师不必担心学生会觉得不公平。如果学生的作业与其他同学不同，那么他们常常会认为其他同学的作业会更简单或更有趣。其次，学生可能会体验到成功，因为如果他们需要或想要的话，就可以和其他人一起工作。这是因为每个人都在使用相同的信息完成相同的任务。因此，如果他们需要的话，会有更多的被帮助机会。学生也喜欢一起工作，原因是学习中的人际交往会带来更大的成功。最后，重要的是能让所有学生都体验到高级思维。

表6.2　使用"开放性提示"的优缺点	
利	弊
1. 所有学生参加相同的活动。	1. 教师不能总是从学生那里获得自己想要得到的一定水平上的答案。
2. 所有学生都有成功的潜在可能。	
3. 为分组安排提供了机会。	
4. 所有学生对学习内容进行高水平的思考。	

　　这种差异化方式的主要不足是我们不能总是获得所期望的反应水平。你是否感觉到某个学生能够比较完整地回答一个问题或者回答出了更多的细节？也许你会要求这个学生修改她的答案。平心而论，她的确正确地回答了问题。有些学生甚至不知道如何较为完整地回答，他们可能会感到让你失望，

因为他们的答案不够好。基于这些原因，对提示进行差异化，效果可能会更好。

指导性提示（The Directed Prompt）

· 所有学生使用相同的高水平思维图形组织者。

· 学生收到差异化的提示。

· 所有学生使用相同的资源。

注：学生的反应是集中的、具体的。

在下一个差异化方案"指导性提示"（the directed prompt）中，仅仅使用一个图形组织者，指的是全体学生使用相同的高水平词（verb），并且全体学生用相同的资源进行阅读或互动。所有学生阅读相同的章节，或聆听相同的演讲，或观看相同的视频。他们可能要做相同的作业或完成相同的互联网研究材料。不过，这次提示对不同的学生是有区别的。例如，在科学课上要求全体学生阅读有关呼吸系统那一章节，但可能会要求某些学生分析肺是如何发挥作用的，而要求其他学生分析呼吸系统。第一个提示要求适用于全体学生综合理解了章节的信息，第二个提示适用于那些有准备去处理更复杂信息的学生，因为这些学生能够分析整章的知识内容，并将其与呼吸系统的先前知识相联系。这并不是说回答第一个问题的学生永远也不能回答第二个问题。它只是在不同时间出现，也许是一两天之后；或以不同的方式出现，如在一堂课上学生先聆听其他人介绍信息，然后进行讨论。

提示为学生的答案提供了框架。当提供两种不同的提示时，要对每一个提示进行核查，以保证它所问的是你想要问的。核查的第一件事情是提示中使用的具体内容方面的语言。尽管专业语言有助于将提示清晰地表达出来，但学生并不理解的词汇，你可能会假设他们已经理解了。如果学生并不理解那些词，那么她就不能够对提示做出反应。因此，重要的是确保所有的学生能够理解提示中的词汇含义。

即使是最常见的词汇，当它们用于不同的内容领域时也会有不同的含义。在数学领域，凯瑟琳·沙利文（Kathryn Sullivan）的研究（1982，引自 Kenny 等，2005）表明，即使是一个为期三周的、用于帮助学生区分小词汇在数学上的使用的简要方案，也能使学生的数学计算分数显著提高。学生需要理解小小的词汇能够在不同的内容领域呈现出不同的意义，例如，"add"在数学中并不总是增加的意思。因此，要确保学生能理解提示中词汇的含义。

另外还要意识到学生可能甚至不会阅读词汇。NASSP 公告（Barton，1997，引自 Jacob，2006）报告说所有的成就测验错误中有 35% 是基本阅读错误，其中的许多词汇并非学生的日常语言。即使学生会阅读这些词，他们也不可能经常使用如"推理"（infer）或"分析"（analyze）这样的动词并真正记住它们的含义。他们不会向妈妈说，"我需要分析一下明天的田野调查中带什么。"然而我们期望学生能执行这个过程，并且用这类动词对问题提示作出反应。学生需要学习并使用"教学用语"（school language）。

我建议使用关键词和词组来帮助你创建指导性提示。这些插入现有提示中的词可以使提示更加具体。理查德·鲍尔（Richard Paul，1999）的概念可能会对喜欢用许多提示来扩充内容的教师特别有帮助。鲍尔确定了推理的八个要素（见表 6.3 的第一栏），这些要素能够以有意义的方式增进学生的理解，增加学习的深度。在该表中，你可以比较开放性提示与指导性提示之间的差异。

表6.3　使用关键词		
推理的要素 （选自 Paul，1999）	指导性提示	开放性提示
目的（最终目标、具体目标）	分析存在不同种类政府的目的。	分析政府的不同形态。

议题或问题	分析故事中人物的问题，并解释在故事中这些问题是如何引出新问题的。	分析故事中的人物。
信息（事实、观察、经验）	你能针对动物园的利弊，从动物的遭遇得出动物园的效用是怎样的结论吗？	在阅读这篇有关动物园利弊的文章后你能做出什么推断？
解释或推理（包括结论和解决办法）	我们会如何分析对修拉（Seurat）绘画的不同解释？	分析修拉的绘画。
概念	详尽说明恐龙灭绝的不同理论。	详尽说明你认为恐龙为何会灭绝。
假设（我们认为理所当然的）	判断人物所做的假设，以及它们是怎样驱使行动的。	判断故事中人物的行动。
可能引发的后果／结果	按重要程度依次排列故事中人物行动的可能后果或结果。	按重要程度依次排列故事中的事件。
观点（参照标准、观点、取向）	Brain-write：从外科医生的角度来看肺是如何发挥功能的？从哮喘患者的角度看又是如何的呢？	Brain-write：肺是如何发挥功能的？

让我们仔细审视鲍尔的要素是如何用作关键词来指导提示的。请看表中的第一行：当我们要求学生分析政府的不同形态时，在第三栏，我们会要求他们比较不同形态的政府的差异，并描述它们彼此之间的关系。但是如果我们要求学生分析政府有不同形态的目的，那么我们就把学习内容转换到对概念水平的理解（Anderson & Krathwohl，2001）。把"目的"（purpose）一词加到提示中，我们就会让提示更加具体和概念化。这可能适用于那些需要更多挑战的学生。

推理的另一个要素是瞄准问题、解决问题、消除问题。如果你想把提示从基础水平转向更复杂的水平，可以改变提示以包含一个或更多的概念。例如，一个难度更大、更为具体的提示是要求学生"分析人物在故事中的问题，以及这些问题又是如何掀起风波的。"如果你想让提示简单点并且更具开放性，那么提示可以是要求学生"分析故事中的人物"。在两种情形下，学生可以"分析"相同的图形组织者，但一组学生是从大体上来关注人物，而另一组学生关注的是人物的问题。

桑德拉·开普兰（Sandra Kaplan，2005）也倡议使用关键词和词组来增加复杂性和深度。她所用的词和词组也可用来作为差异化的提示。

- 下定义。
- 指出模式。
- 陈述趋势。
- 陈述伦理思考。
- 定义未回答的问题。
- 考虑不同的观点。
- 确定规则。
- 识别多种观点。
- 陈述一般规律、原则或高见。

并非所有学生都为这种概括水平做好了准备。对于学习困难的学生你要剔除掉这样的语言。如果学习内容是在基础水平上教授的，那么学生仍然可以在高水平上成功地思考。对于程度高的学生，当提示不包含这样的语言时，鲍尔（Paul，1999）和开普兰（Kaplan，2005）的关键词是非常有帮助的，它随时可以用来进行差异化教学。当你有一个词汇目录可以参考时，就比无中生有更容易把提示复杂化。

用指导性提示进行差异化有利有弊（见表6.4）。首先，每位学生使用相同的图形组织者。由于学生在图形组织者中遵循循序渐进的步骤，因此他们在回答问题时会有更多的成功机会。我认为使用这种方式的最大优势是所有学生都会接受挑战，这是因为他们都会应用批判性或创造性思维。仅仅通过用一两个词来修改问题，教师就能生成更难和更容易的问题。这也是重要的，因为在某些情形下，教师会对所有学生使用相同的课文。通过修改提示，教师可以轻而易举地区别课本中的问题或教师手册中的问题。所有学生都会面对挑战，在不同程度上思考文字信息之外的东西。

表6.4 使用"指导性提示"的利弊	
利	**弊**
1.所有学生参与相同的活动。	1.有些学生不想接受挑战。
2.所有学生都有成功的可能。	2.教师抱怨这类活动花费在批改上的时间太长。
3.所有学生都会对从更高层面上思考学习内容。	3.教师抱怨很难想出有挑战性的提示。
4.所有学生接受挑战。	

当然，有些学生不愿意接受挑战。这会成为一种弊端，因为有时让教师说服学生尽自己最大努力去工作会有困难。使用熟悉的形式、通过共同语言和常用的步骤来提供支持，即使是不情愿的学生可能也会发现自己可以利用工具来参与具有挑战性的工作，并且在工作中会感到惬意。

另一个弊端就是用不同的提示要花费更长的时间来更正图形组织者的答案。南利（Nunley，2006）列出了教师对此的普遍不满，她承认书面作业的批改任务复杂得令人不知所措。此外，没有答案要点，教师必须花时间来确定什么是可以接受的答案，并且需要自己创建答案要点。由于教师的确喜欢图形组织者，但却发现它们难以改正，因此他们常把图形组织者用作提出讨论的工具，而不去改正它们。这是不幸的，因为学生能从具体的反馈中受益。

最后一个缺点是提出差异化提示费时费力，尤其是提出比较难的提示时。这正是我喜欢 Paul（1999）和 Kaplan（2005）的关键词的原因。在他们的关键词中，一两个词即可轻易改变复杂程度。

同中求异（Different But the Same）

· 学生使用不同的图形组织者。

· 学生收到差异化的提示。

· 所有学生使用相同的资源。

注：学生可能必须阅读相同的材料，但在某一特定时间对阅读材料的回答可以有不同的理解深度。

使用高水平思维图形组织者的第三种差异化方式是运用带有不同提示的不同图形组织者，尽管学生使用的是相同的资源（见表6.5）。我把这种差异化称作"同中求异"（different but the same）。当教师使用指定的阅读系列或课本，并且是地区要求采用的这些出版物时，这种方式会很有效。在这种情形下，教师经常会认为学生没多少时间去阅读其他材料，而且教师常常是在整个课堂环境中进行直接教学。不过，一旦教师介绍或评论完内容，他们就会愿意进行差异化教学，方法是在不同的图形组织者中给学生提供不同的提示。教师可以给学生分配不同的图形组织者，也可以让学生选择自己喜欢的。

表 6.5 使用"同中求异"的利弊	
利	弊
1. 差异化是秘密的。	1. 教师必须准备一个以上的组织者。
2. 允许学生自己做选择。	2. 教师必须清楚学生选择了哪个图形组织者。
3. 认可课堂中的多样性。	3. 学生可能花费不同的时间来完成。
4. 所有学生均接受挑战。	

如果有选择的机会，学生常常会选择适合其认知风格的图形组织者。耶鲁大学心理学、教育学教授罗伯特·斯腾伯格（Robert Sternberg，1996）把分析型的思考者称作"学业上聪明的人"（school smart）。他们是在学校里表现出色

的学生，是基于批判性思维来选择图形组织者的学习者。他们喜欢做出判断和评价，并对事物进行比较和对比。斯滕伯格的研究表明，即使是在自己占优势的领域，人们仍需要别人的指导以促进其认知思维向更好的方向发展。因此，无论教师是让学生自己选择一个喜欢的图形组织者，还是教师给学生分配特定的图形组织者，学生都会从任何一种明确的教学方法中获益。

用"同中求异"进行差异化教学的绝对优势是学生期望做不同的图形组织者。它会成为课堂的标准，而且是公平的。与其让一组学生操作图形组织者，另一组学生做别的事情，还不如让所有学生做相同类型的活动。教师可以分配不同的组织者，或者允许学生做出选择。当然，如果你让学生做选择的话，那么学生可能会选择提示较容易的组织者。青春期前和青春期的学生可能只选择他们的朋友选择的形式，那也是可以的，因为他们毕竟完成了作业。所有学生都喜欢与朋友一起工作，而且我们知道社会学习（social learning）有助于改变我们的压力水平、自信心，甚至是内容方面的知识（Jensen，2006）。

无论何时当你不确定是否让学生选择与别人在一起工作时，你就在选择方面犯了错。记住，选择是赋予学生权利，给予他们对学习的控制权。对某些学生而言，这可能是他们唯一的对自己生活的一种掌控。不过，千万不能以选择的名义让学习付之东流。这听起来平淡无奇，但你可能会感到惊讶，教师在努力进行差异化教学，提供选择，而这并非学生最佳的学习方式。记住，你可以对选择加以控制。换言之，允许学生在适合其理解水平的两个图形组织者之间做出选择，但并不是非完全的自由选择。

与指导性提示相似的是，"同中求异"的方法也要求教师提出一个以上的问题来操作一个以上的图形组织者。尽管这对教师而言工作量会更大，但是你可能会发现努力是有回报的。学生将会更加投入，他们的成绩也会提高。如果教师必须清楚学生选择了哪个图形组织者，那么工作量也会加大。但是这会排除学生反复做相同类型图形组织者的可能。一旦学生找到了成功的法宝，他们就愿意重复同一种思维。教师应该对此加以劝阻。请看下面的简单数据表中有关学生的例子（见表6.6），左侧一栏用数字代表学生，上面一栏是不同的思维技能。这种表格可以让教师弄清学生的选择。当学生选择了某个图形组织者时，就把日期填写在紧邻他们的数字的格子里，并注意选择的模式。这会使多余部分降低到最少。

表6.6　记录图形组织者使用情况的表格范例									
	假　设	推　理	分　析	优先排列	判　断	头脑风暴	联　系	创　造	精细加工
1	3/12	3/09		3/10	3/07				
2						3/12, 3/07	3/09		3/10
3	3/12			3/09		3/10	3/07		
4		3/12			3/09			3/10	3/07
5	3/12	3/09		3/10	3/07				
6		3/12			3/09	3/10	3/07		
7			3/12	3/09	3/10	3/07			

在看了表格后，教师务必要让 1 号学生下次完成某些创造性的思维活动，要求 2 号学生从事某些批判性的思维活动，此外，1 号学生和 5 号学生下次也许不能在一起工作。在后面的一些活动中我不会让 1 号学生和 2 号学生配对，这是因为喜欢以特定方式思考的那个学生可能会独自接管并完成所有的工作。这会削弱教师让所有学生至少在某些时间进行不同类型思考的努力。

对于"同中求异"的差异化方式，教师需要考虑的最后一点是学生要在不同时间填写完图形组织者。事实上这对任何类型的差异化都是一个问题。要保证较早完成的学生在等待其他学生完成时知道做什么。让他们填写另一个图形组织者并非良策。学生很快就会明白，如果他们完成得早，那么教师只会要求他们做更多同样的事情。注意观察你的学生是如何迅速地放慢速度以便他们不会赶在别人面前完成。取而代之，可以让学生转向下一个活动，或者给他们时间去看拓展材料。

差异化的资源（Resources Make the Difference）

·所有学生使用相同的图形组织者。

·所有学生收到相同的提示。

·学生使用不同的资源。

注：学生在对不同材料加工的基础上根据自己的水平做出回答。

第四种差异化的方式就是"差异化的资源"，所有学生使用有相同提示的相同图形组织者，但使用的资源不同。如果你想要每个学生都关注同样的内容，那么这是一个很好的方法，不过你需要为后进生修改书面材料，或者为程度高的学生拓展书面材料。当教师对学生进行了预先测试，并对学生所掌握的先前知识有所了解时，这种方法也是最有效的。差异化必须找到学习的入口和出口（Gardner，1999；Heacox，2002）。如果预先评估表明学生没有具备先前知识，那么教师就会关注整个班级的教学，同时让学生进行不同的后续阅读。

有些学生需要阅读的内容可能要低于班里大多数学生的阅读水平。在 3 年级的普通课堂中，阅读水平可分 10 个层次。在高中，"10 年级课本的可读性水平意味着 50% 的 10 年级学生在老师的帮助下能够阅读和理解这种课本"（Nunley，2006，p.117）。这并未考虑到能够阅读该材料的学生，只是考虑了不能理解或记住所读材料的学生。

对于使用规定好的阅读或数学系列、或规定课本的教师而言，这是个特别的问题。他们可能无法使用其他书面材料。在这种情形下，就需要对某些能够成功应对学习内容的学生进行调整。教师可以给后进生减少阅读的段落，或者让一个程度更高的伙伴与之搭档，以便于他们进行合作。

事实上，"差异化资源"这种差异化教学方式有许多优势。全班上同样的课，因此学生可以作为一个完整的组加工信息并讨论想法。那些阅读较复杂材料的学生可以多读其他人可能没有阅读的信息。通过这种方式，后进生不必去读材料就可以获得额外的信息。由于每个人使用相同的形式，所以对图形组织者的批改就比较容易。学生在其能力水平范围内阅读材料，会使他们更加成功。教师真的不必再去跟踪谁做了什么，因为每个人都在用相同的提示做相同的图形组织者。

这种方式的最大缺点是教师需要找到许多不同的资源或阅读材料。众所周知，在网上搜索某个主题还意味着几个小时在不同网站查看一篇又一篇的材料。不过，一旦教师花时间编辑好了学生可以使用的一个资源目录，她就不必再做此事，下次只是需要改变一下搜索。如果教师年复一年教同样内容的话，那么为某个特定单元收集资源常常是一次性的投资。

即使教师在因特网上找到了文章，他们还需要修改信息，因为他们不可能希望学生在一篇文章上花费大量的时间。这篇文章可能只有一部分能够应用到内容上。在这种情况下，把文章复制下来，分成几个部分，丢掉那些与任务无关的部分。在某些情形下，教师可能确实需要强调一下对学生来说重要的信息。这对后进生会有很大的帮助。一般水平和高水平的读者应该能够处理整篇文章，并且在没有教师帮助的情况下区分出相关和无关的信息。

重要的是考虑课程目标是让学生应用所学的知识还是识别重要的信息。科学或社会研究课的目的通常是具体内容，而识别重要的信息属于某个具体的技能领域。如果你的课程目标没有包括具体的技能，那么就要为阅读困难的学生补上这一课从而帮助他们。让他们在技能领域陷入困境并非课程的目的，也许有其他课程可以帮助学生练习识别重要的信息。

正如我在前面提到的，这种方式的另一个缺点是学生可能要花费不同的时间来完成。不过，通过改变资源，教师可以预计学生阅读材料要用多长时间。后进生常常要比其他人花费更长的时间才能读完材料，这样一来，就可以使所有学生用差不多的时间来加工差异化的书面信息。（见表6.7）

表6.7 使用"差异化资源"的利弊	
利	**弊**
1. 全班可以讨论过程。	1. 教师必须收集各种阅读材料。
2. 教师容易更正。	2. 教师修改材料。
3. 学生使用与其能力相当的材料。	3. 学生要用不同的时间来完成。
4. 教师不必跟踪谁在做什么。	4. 学生可能认为这是不公平的。

最后，假若公平问题显露出来：为何某个学生只需阅读一篇文章而另一个人要读整个章节？我建议要对学生诚实，告诉学生他们正在阅读此时自己能够驾驭的内容。事实上这并非什么新鲜事。学生知道谁能流畅地阅读，谁会有困难。如果你实事求是，那么学生就会把它认为是很自然的事情。要帮助学生懂得，通过改变资源或提供不同的资源，一些学生赶上其他人就不再是一件困难的事。尤其是中学教师，常常会觉得这会事与愿违，并伤害后进生的自尊。改变内容领域的资源，其风险不仅在于困难的学生会妒忌，想要去阅读更难的材料，而且熟练的学生也不想那样努力地工作，而更喜欢不费力气就能取得成功。如果所有书面材料看上去适合学生的年龄，那么这种情况就会减少。之后，不同的阅读水平就不再如此明显了。

更加多样化（Variety Plus）

· 所有学生使用不同的图形组织者。

· 学生收到不同的提示。

· 学生使用不同的资源。

注：学生的需要是以多样化的方式来满足的。

我把第五种差异化的方式（使用批判性和创造性思维的图形组织者）称作"更加多样化"（Variety Plus），因为它所提供的多样化最多。学生使用有不同提示的不同图形组织者以及不同的资源。教师可以分配一种类型的图形组织者，或者让学生进行选择，尽管这不可能包含无限的选择。教师在使用中为每个图形组织者提供不同的提示。最后，学生可能阅读不同的资源，或者是课文中修改过的段落。这里的关键因素是每个要素都是为满足个体的需要服务的。

在实际教学中，第五种形式的差异化并没有听起来那么复杂，而且它有很多益处。想象一下在学习童话故事体裁的语言艺术课上，具体来说，有许多不同版本的"灰姑娘"（Clinderella）故事，在不同文化中的翻译方式又有所不同。有些学生阅读明迪·德怀尔（Mindy Dwyer）的"三文鱼公主：阿拉斯加的灰姑娘"（The Salmon Princess : An Alaskan Cinderella Story），其他学生阅读丽贝卡·希科克斯（Rebecca Hickox）的"金鞋子：中东灰姑娘故事"（The Golden Sandal : A Middle Eastern Cinderella Story）。另一组阅读雪莱·休斯（Shirley Hughes）的"埃拉的好运：爵士时代的灰姑娘"（Ella's Big Chance : A Jazz Age Cinderella）。

阅读"阿拉斯加的灰姑娘"的学生使用"修饰（Paint Jars）图形组织者"，对主人公在阿拉斯加的生活做出推断；阅读"中东灰姑娘"的学生，在基本故事情节和中东文化知识的基础上提出有关主要人物的假设；阅读"爵士时代的灰姑娘"的第三组学生使用"创作（create）图形组织者"来设计艾拉和巴顿从此过上快乐生活后拥有的商店。

请注意，并非每个人都在使用不同的资源。整个班级被分成三组来使用不同的资源，有不同的提示，并完成不同的组织者。最后，整个班级回到一起，为其他学生总结他们的故事，并分享他们的图形组织者。理想的情况是，整个班级的讨论至少会吸引一些学生去阅读其他同学读过的另外版本的故事。

当教师允许学生选择自己的阅读材料和图形组织者时，"更加多样化"的差异化方式会在很大程度上激发学生的积极性。例如，一个男孩可能会选择一个满足其兴趣或至少有一个男孩作为主要人物的现代童话故事。对于年龄较大的学生，使用"更加多样化"的另一种方法是将学习目标写在白板上或投影仪上。要求学生选择一个图形组织者，运用图形组织者中的动词提出问题并说明目标。当学生提出自己的问题时，他们会在学习中更加投入。不过，让学生基于学习目标提出问题也是很难的。因此，要确保你能随时帮助学生，否则学生可能会干坐着浪费时间。

"更加多样化"的方法把差异化掩盖起来，因为许多学生在做不同的事情。它考虑到学生的选择和多样性。不过，重要的是教师要介绍动词、解释处理动词要用的程序性步骤，并为学生展示如何使用图形组织者。在学生能够独立工作前，教师应该做示范课程，并向学生展示期望他们做到什么。（见表6.8）

表6.8　使用"更加多样化"的利弊	
利	**弊**
1. 差异化被掩盖。	1. 教师必须准备一个以上的组织者。
2. 允许学生做选择。	2. 教师必须清楚每个学生在做哪个图形组织者。
3. 允许课堂多样化。	3. 学生要用不同的时间完成。
4. 允许不同水平的挑战。	4. 学生被忽视。
5. 影响到所有学生。	5. 难以评分。

"更加多样化"的方法可以有不同的挑战水平，因为对课程的各个方面都可以进行具体调整，以适用于每个学生。教师可以影响到每个学生，因为图形组织者活动是与每个学生的需要相匹配的。如果一些学生需要激励，教师可以使用不同的材料，也许还可以使用一种创造性思维的图形组织者。如果一些学生需要评论信息，你可以修改规定的阅读材料，并选择一个像"增加细节"这样的图形组织者。能够阅读复杂材料的学生可能会喜欢分析信息。全体学生依照同样的标准或目标，但在不同的水平上工作。不同水平可以通过学习活动来实现，学习活动可以依据图形组织者、提示和资源三个要素来调节。

这种差异化方式的不足之处在于必须准备一个以上的图形组织者，并且准备许多不同的提示。即使对最敬业的教师来说，这也是让人生厌的。因此，你不要感到被压垮。开始时可以先确立标准或目标，并把动词转变成某个图形组织者的动词。把这个动词转化成一个问题或提示，并保证它是有意义的，然后进行检查以确保问题保留了内容要素。如果它失去了内容线索，那么就不应该使用这个问题。与标准相关的内容必须是新修订问题的完整组成部分。继续替换不同的图形组织者动词来看哪个组织者会有效，然后将这些图形组织者作为备选项。随着练习，你可以快速调整问题来使用各种图形组织者。

当然，当学生使用不同的图形组织者时，它的确又产生了一个"跟踪谁做了什么"的问题，而且有些学生比其他人完成得要早。有关这些问题的处理方式在前面已讨论过。不过"更加多样化"方法的最大风险是一些学生可能会被忽视。他们看上去很忙，但完成得并不多。他们很安静，不会吸引别人的注意。如果你给图形组织者评分，那么谁没有完成任务就会显而易见。如果你不给论文评分、不给予反馈，甚至连谁做了什么都不去检查，那么这些学生可能会做得更少且不被发现。

使用"更加多样化"的方法会给我们带来最后一个问题，即难以给图形组织者评分。许多理由可以证明这一点。某个图形组织者似乎比另一个容易，因此，较容易的图形组织者中的分数 A 与较难的图形组织者中的分数 A 等值吗？如果有一个指导评分的评定量表或准则，那么你就会知道从何开始。否则，教师只能根据学生的回答来给每篇论文打分。如果不给图形组织者评分，一些教师会认为学生要么不做功课，要么不会认真对待。

努力始终是一个值得考虑的要素。学生是真正思考答案了呢，还是仅仅为了完成作业而填写图形组织者呢？某个学生的答案可能是最基本的，但与其之前的功课相比可以说是巨大的进步，而与其他学生相比却比较逊色。评分是一个哲学（philosophical）问题。不管我们是否同意本地区的指导原则，我们中的大多数人会根据学校的宗旨来评分。

不管你使用哪种评分系统，学校都需要知道规则是什么。在莱克·沃梅尔利（Rick Wormelli，2006）所著的《公平并不总是平等对待：差异化课堂中的评价与评分》（*Fair Isn't Always Equal : Assessing and Grading in the Differentiated Classroom*）一书中描述了有效的评价和评分实践。他建议给习作（practice papers）提供反馈，只对总结性作品（summative works）加以评分。

大多数时候，本书中的图形组织者并不用于真正的总结性任务。笔者认为总结性工作比图形组织者中的回答包含了更多的内容。

> ### 创建自己的图形组织者
>
> ・当图形组织者不能满足学生的需要时，创建一个图形组织者。
> ・指向批判性和创造性思维的动词。
>
> 注：教师为了关注具体的思维技能而创建图形组织者。学生创建图形组织者是作为元认知技能来展示他们是如何对自己所了解的知识进行思考的。

使用高水平思维图形组织者的最后一种差异化方式也许就是创建自己的图形组织者，以更好地满足学生的需要。你可能在调整图形组织者时很少有困难，但在找到创建自己的图形组织者的想法方面确实有压力。创建自己的图形组织者并非真的那么难。首先，放弃那种只有图形艺术家或计算机专家才能创建自己的图形组织者的想法，这一点很重要。只要它是起作用的、简便易行的，学生就可以使用它。这里有一些帮助你创建自己的工具的推荐步骤：

・围绕你想要创建的组织者确定动词。如"预测"（predict）就是一个例子。
・搜索图形组织者的书，看是否有"预测"图形组织者存在。如果有，决定是否需要为全班或某些学生而对它进行修改。如果没有的话，那么就进入下一步。
・从网上或图书中搜索，看看是否其他人已经确定了你愿意接受的"预测"过程。这些过程可能是以语言形式出现的，还不是图形组织者的形式。例如，南希・保雷特（Nancy Polette）在她的《课本和思维技能入门：幼儿园到8年级的基于文学作品的思维技能方案》（*The ABCs of Books and*

Thinking Skills : A Literature-Based Thinking Skills Program K-8，1987，p.109）中确定了预测的四个步骤："澄清预测什么；分析资料，找到预测的基础；做出尝试性的预测；考虑相关的资料并在必要时修改预测。"巴里·拜尔（Barry Beyer）在《思维技能的教学：小学教师手册》（*Teaching Thinking Skills : A Handbook for Elementary School Teachers*，1991）以及《思维技能的教学：中学教师手册》（*Teaching Thinking Skills : A Handbook for Secondary School Teachers*，1991）中，把过程确定为 7 步。其他描述思维技能步骤的书有：劳伦·瑞德（Lorene Reid）的《思维技能资源手册》（*Thinking Skills Resource Book*，1990）以及马拉扎诺等人（Marzano, Pickering, McTighe）的《学生成果的评价：应用学习模式维度的成绩评　价》（*Assessing Student Outcomes : Performance Assessment Using the Dimensions of Learning Model*，1993）。如果你找到了与你正在研究的动词相关的有用材料，就为学生选择你最喜欢的过程，或者提出你自己的过程。如果你必须用自己的语言帮助学生加工思维技能，就需要进行下一步。

· 在你做预测时考虑一下你做的事情。最好是与一个同事一起完成，因为你们能够相互碰撞出火花。无论你是单独工作还是与同事一起做，都要把你期望学生使用的过程写下来。这里有一个我可能会使用的步骤的例子。

步骤 1：写下预测的文字陈述。

步骤 2：基于课文中呈现的信息给出预测的理由。

步骤 3：提供来自课文信息以外的信息中支持你的预测的理由。

步骤 4：考虑其他可能的预测，并在必要时修改预测。

步骤 5：确定你的预测发生的可能性。

· 下一步是将过程转变成图形组织者。此处是教师很容易感到紧张的地方。他们认为自己永远不能提出一个能够真正使用的图像（visual）。但是你能够做到，这里会告诉你是怎么回事。首先，思考你在过程中使用了几个步骤。在我的例子中，我用了5步，这意味着我需要5个地方让我的学生做出回答。如果我不会画画，而且计算机技能水平有限，那么我可以一直使用方框、圆圈和箭头。中学教师喜欢使用这类形式，因为他们的学生经常认为图画形式太矫揉造作，并且只适合小学生。这是不幸的，因为学生经常会记住图像。如果能在一张图画中用标记的步骤植入预测过程的话，那么学生更可能记住预测过程。

例如，我是一名教语言艺术的老师，给四年级学生讲授童话故事，学生正在读灰姑娘。我可能会要求他们预测灰姑娘与王子长久幸福的可能（步骤1）。有个预测是这么陈述的："我预测她与王子在一起会快乐。"这个断言要能得到支持（步骤2），方法是通过举出故事中描述灰姑娘是一个多么可爱的人以及无论处境如何她总是多么快乐的事例来支持。接下来，我可能要求他们基于其他来源或信息考虑他们的预测（步骤3）。学生可能会说童话故事总是有个从此永远幸福的结局，以此来支持他们的预言。步骤4，学生有机会重新考虑预测，并修改最初的预测。例如，有人可能会提出有关灰姑娘长久幸福的可能性的疑问，因为他们会考虑到王妃戴安娜，以及她在婚姻中并未被人们认为是幸福的。学生可能会考虑到这种情况：即对王族成员的要求会强加在像灰姑娘这样的农民女儿身上。这可能会让一些开始相信灰姑娘会有长久幸福的学生改变他们的预测。步骤5，一组学生可能会100%确信他们的预测是正确的，另一组得出不同结论的学生可能也会同样的坚决。当然，我们永远不会知道谁是对的。不过，我喜欢最后一步，因为我想让学生认为他们所预测的那种可能是正确的。大多数四年级的学生不知道百分比，因此我会使用利克特量表，用"不确定"到"确定"来评价。对我而言，不管学生选择哪个选项，我真的都不会介意，因为我把这一步加进来是为了让大家高兴。不过，我的确对课程进行过反思，以保证它能实现我的目标，即让学生对故事以及他们的知识加以审视，以找到支持其预测的证据。

当我在创建生日祝福的图形组织者时，它是以楼梯开始进行的。在确定步骤后，我认为它看上去像个生日蛋糕，因此我给它那样命名。在计算机上这样的图是很容易画出来的，但是我打算用手画，或请求艺术老师帮忙。当我给学生使用这个图形组织者时，他们说的第一句话就是这是一个极好的生日蛋糕，因为它太大了（见图6.1）。

图6.1 生日祝愿型的图形组织者

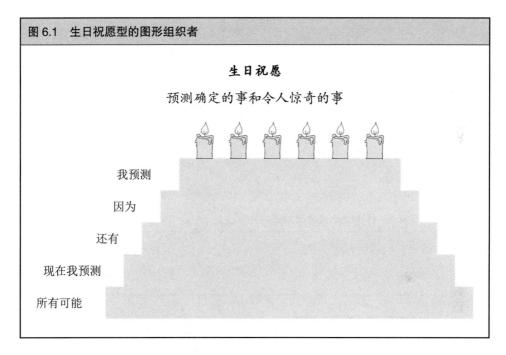

生日祝愿

预测确定的事和令人惊奇的事

我预测

因为

还有

现在我预测

所有可能

我喜欢创建两种形式的图形组织者。一种通常是图画形式，另一种是线性形式。某种风格的形式可能会比另一种更具吸引力。但要保证创建不同风格的组织者，因为如果你总是使用方框状或箭头，就亏待了那些喜欢图画形式的学生。如果你全部使用图画，你将不能帮助喜欢以简单的线性剖面（section）方式呈现信息的学生。通过变化，你可以影响到所有的学生。

一旦你知道了创建图形组织者的步骤，你就能帮助学生创建他们自己的组织者（见图6.2）。你可能会惊讶地发现，有些学生对此真的很擅长。事实上，他们可能还会比你做得更好。在《图形组织者的精彩教学》（*Great Teaching With Graphic Organizers*）（Drapeau，1998）一书中，有许多四年级

图 6.2   线性图形组织者（预测）

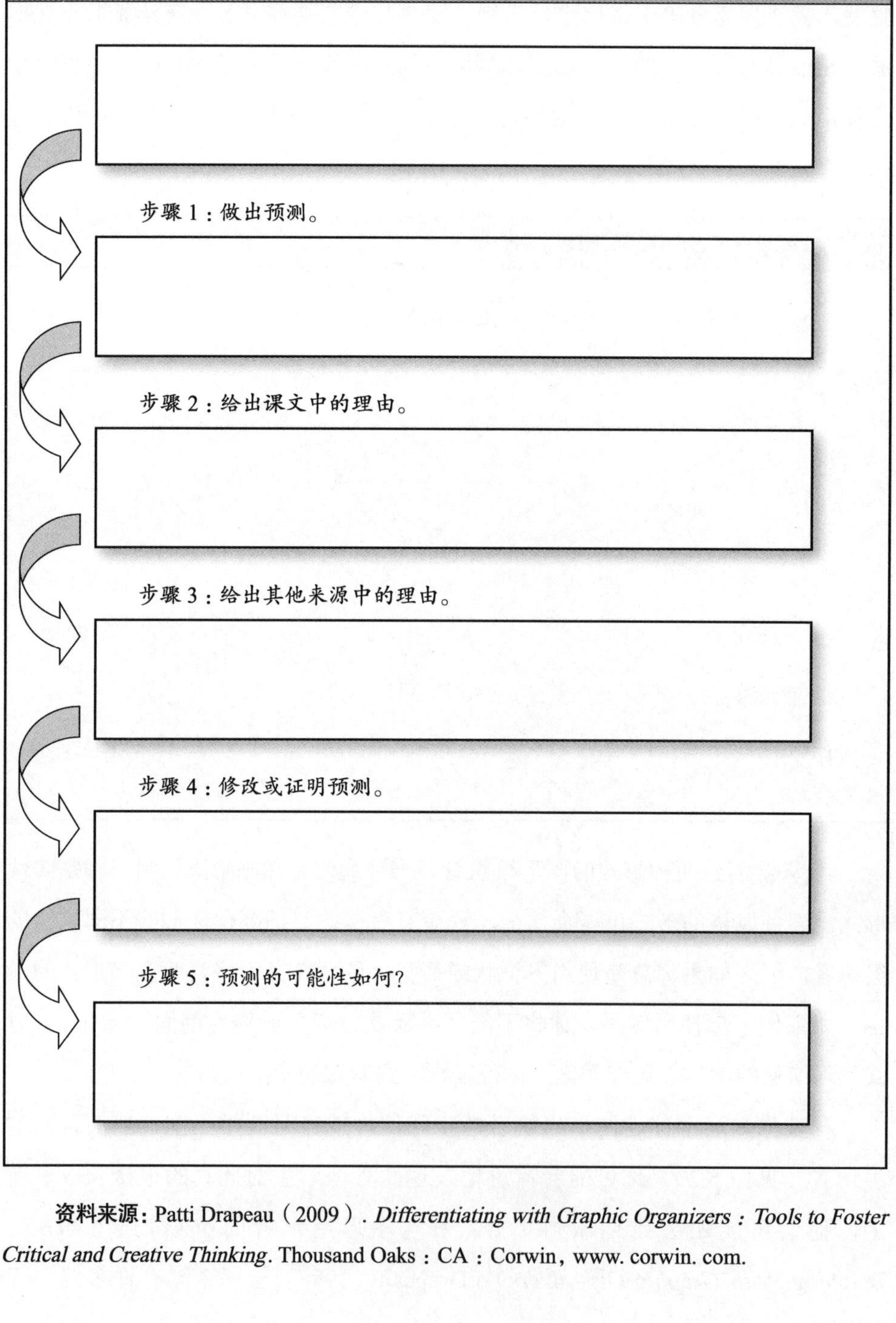

步骤 1：做出预测。

步骤 2：给出课文中的理由。

步骤 3：给出其他来源中的理由。

步骤 4：修改或证明预测。

步骤 5：预测的可能性如何？

资料来源：Patti Drapeau（2009）. *Differentiating with Graphic Organizers：Tools to Foster Critical and Creative Thinking*. Thousand Oaks：CA：Corwin，www. corwin. com.

学生提出的创造性思维组织者的例子。即使学生能够成功创建自己的图形组织者，他们仍然需要教师的支持来帮助他们理解如何分析动词，创建处理动词时的程序性步骤，考虑他们正在学习的知识以确保它在内容领域能够起作用，并想出一个图形设计。并非所有学生都适合这种挑战，也许学生可以提出他们自己的思维工具，并且彼此分享。任何帮助学生在课堂上获得成功的工具都是受欢迎的。

允许学生创建或修改图形组织者的陷阱很多（见表6.9），他们的一些创造可能没有什么意义，而且有些学生实在是无法创建组织者。他们不能想出逻辑步骤，根据词汇创建图形，或图形随意并且使用起来令人混乱。你将需要审阅图形组织者（当然这并非课程内容的组成部分），理解学生在试图说什么或做什么，并提供反馈。这会花费时间，而且对你和学生来说都是一种令人沮丧的体验。除非完成这些是课程的组成部分，否则我不建议整堂课要求学生创建图形组织者。教师应该给学生提供机会做这件事，但这不是必须的。

表6.9　学生自创图形组织者的利弊	
利	弊
1. 为答案量体裁衣。	1. 有些原创的图形组织者没有意义。
2. 很适合有创造性的学生。	2. 要花时间去改正原创的格式。
3. 很适合视觉型的学生。	3. 并非所有学生都能够或想要创建他们自己的图形组织者。
4. 学生和（或）教师创建图表格式。	
5. 增强自尊和动机。	

不过，学生创建或修改他们自己的图形组织者有许多益处，而且是值得花费时间和努力的。学生能做好这件事情，表明已经形成了对自己思维的觉察，具有清楚地、形象地表达自己思维过程的能力。这对于某些学生来说具有激励作用，并且能够增强他们的自尊，因为他们通常都会以自己的原创性工作成果为自豪。这是一个让学生感受到不被某个人的设计所限制并让视觉型学生看到

思维过程是如何在纸上呈现的机会。当学生想出了自己的图形组织者时，他们真的是学会了高质量地思考。常常是，当他们看到过程时，他们也就理解并记住了它。一旦它植根于记忆中，无论何时想要再使用时，他们就会获取这个过程。这种迁移并不会很快出现，它需要花费时间在不同内容中练习（Black & Black，1990，引自 Burke，1994）。

确定何时采取何种差异化教学的方法

我们已经考察了使用认知图形组织者进行差异化教学的六种不同方法。但是，需要指出的是，并非所有的图形组织者适用于所有内容、各种情境和每位学生。因此，重要的是在课堂上决定用图形组织者实施某种差异化教学之前要考虑到某些因素。

首先，你需要考虑毫无商量余地的因素及情境。例如，分配给每堂课的时间。要考虑如何高效率地、有效地利用好时间，以取得最大的成效。如果你把图形组织者转化成一项花费 45 分钟的大型活动（因为基于不同组织者答案的讨论要花费更多时间），其效果就不如让学生在 15 分钟内填完同样的图形组织者，然后去做别的事情，这样多余的 30 分钟就能被充分利用。当学生创建自己的图形组织者时，通常要比其他任何选择花费更多的时间。

其次，要考虑在课上什么时候学生开始真正表现出对其所了解的、记住的以及能够应用的内容上的差异。在课上什么时候一些学生已经理解了某一知识，而其他人还需要复习它？可以使用指导性提示来处理学习快慢方面的差异。

如果你选择了通过提供高级的拓展资源来进行深化教学，那么你需要拥有这些资源或者找到它们。在补充材料时，你可能要寻找附加的材料。如果你在获得资源方面不太便利或没有时间搜索它们，那么这种选择就不太现实。当你选中的差异化方法是"差异化资源"时，问题就会出现。

选择图形组织者时要考虑的因素

· 课程必须结束的时间。

· 课上学生以不同速度学习的时间点。

· 课上需要补充或拓展信息之处。

· 单元中没有趣味以及需要提升之处。

· 满足学生们的需求。

· 满足老师们的需求。

　　脑科学研究一贯支持这样的观点，即学习必须是新奇的、有挑战的和有意义的（Jensen，2006）。在审视一个学习单元时，要注意什么时候安排活动、提问或者未达到预期效果的课程。这可能是你改进单元的重要之处，可以通过图形组织者来替代之前的授课形式。如果它是一堂导言课，开放性的提示可能会激发学生的讨论。如果是出现在单元中间的课，"同中求异"可能是一项有效的活动。让学生基于相同的阅读材料使用有不同提示的不同图形组织者，然后再进行讨论，并分享他们的观点。在单元末尾的增补课程中，使用"更加多样化"的方法，这样学生能够以自己喜欢的风格来概括他们已经学到的知识。

　　满足学生的需要可能会让教师感到不知所措，这就是收集资料与组建能力、兴趣和风格相似的学生小组的重要原因。在资料收集中，学生的任何详细记载都是有帮助的（Gregory & Kuzmich，2004；Heacox，2002）。这一信息有助于教师创建学生小组，并且找准他们的认知风格。有创造性思维偏好的学生可以使用"头脑风暴""联系""创造"或"精细加工"图形组织者，而喜欢批判性思维的学生可以使用批判性图形组织者。在这种情境下，教师使用的是"同中求异"的方法。

　　教师也应该考虑到自己的需求。研究表明，如果你感到快乐并且喜欢教学，那么你在课堂上将会更有效率。热情是可以传染的——情绪在课堂中的作用已得到很好的证明（Sousa，2001；Sylwester，2003；Wolfe，2001）。这些图形组织者可以帮助你在教学和差异化实践中做出改变。

创建评定量表或评分准则

　　一旦选择了一个图形组织者，你就要决定是否要创建一个评定量表或相应的评分准则。评定量表或评分准则基于一个具体的动词，并为学生提供指导和方向。让我们来看看为"预测一例"如何创建一个评价量表。思考做预测的每个步骤，并基于各种标准问有关的问题。例如，在第一步，当要求学生做出预测时，你可能考虑的第一个问题就是：预测的相关性如何？在步骤2和3，你可能想让学生考虑在课文内外所找到的支持这一预测的理由有多重要。这对那些根据琐碎细节或无足轻重的事实给出理由的学生来说是一个相当重要的标准。你可能想要学生考虑的另一个标准就是他们根据理由和资料来源进行最终预测的逻辑性如何。你可以要求学生在1到5的量表上为自己的回答打分，5是最高分。评价量表可能类似表6.10和6.11。

表 6.10　示例：批判性思维评定量表（预测）

标　准（criteria）	探测性问题（probing questions）	评　定（rating）
相关	预测有怎样的相关？	5
重要	理由有多么重要？	4
逻辑	预测的逻辑性如何？	5

表 6.11　一般评定量表的标准和提示

标　准	探测性问题
清晰	陈述有多清晰？
相关	陈述的相关性如何？

续表

重要	理由有多重要？
逻辑	推理的逻辑性如何？
一致	陈述的一致性如何？
合理	陈述似乎是合理的吗？
联系	在什么程度上建立了联系？
准确	例子的准确性如何？
创新	想法的独特性如何？
详细	包括的细节程度如何？

　　有些教师更喜欢使用评分准则而不是评价量表。评分准则比评价量表提供了更多的描述和指导。在表 6.12 中，预测评定量表转化成了评分准则，陈述了评价量表中提出的每一个问题，并描述了成绩的范围。

表 6.12　示例：批判性思维评分准则（预测）

1	2	3
预测是无关的。	预测有点无关。	预测是相关的。
理由反映出证据的缺乏。	有些理由不那么相关。	所有理由都是相关的。
结论是不合逻辑的。	结论是合逻辑的。	合乎逻辑的结论反映出可以推导的推理和有根据的判断，

　　我设计了评价工具来进行反馈，不过很少会使用它们来给图形组织者评分，尽管有些教师是这么做的。一般来说，我会使用其他总结性的成绩评价工具进行评分。大多数时候，我会使用图形组织者作为后面活动的敲门砖。这样做意味着我把图形组织者作为写作前的工具、一种讨论形式、考试复习以及家庭作业的工具等等。我常常需要决定是否以图形组织者的使用为依据来评分。当我把图形组织者作为写作前的工具时，我会给写作的部分评分，而不是图形组织者；当我把图形组织者作为一种让学生组织思维的方法用作分享讨论的形式时，他们能够有效地参与讨论，而我不会给讨论打分；当我要求学生用图形组织者作为考试

复习的工具时，我会给测验打分；当我要求他们使用图形组织者作为家庭作业时，我可能会给图形组织者打分，或者只是在完成后在家庭作业上核对画钩。在每次使用图形组织者时，我并不会使用评价量表或评分准则，那样做实在是太多余了。我们只需决定课程或活动在什么时候应该使用这样的反馈工具。在短时间的课上，评价工具的使用常常是不必要的。相反，在有深度的课程中，学生要对许多复杂的内容进行分类，因而评价工具的使用是必需的。

用图形组织者进行差异化教学的关键要点

· 本章中介绍的六种使用图形组织者的方式是有效的教学技巧，能够帮助我们应用差异化教学的原则。

· 通过大量应用图形组织者，教师能够调整课程的内容、过程和结果；调节教学的步调；提供不同水平的帮助。

· 教师能够提供可控的选择，根据学生的需要关注图形组织者的选择，并且通过小组工作促进学生的主动学习。

· 评价量表和评分准则提供了可以用作反馈的具体工具。

· 使用图形组织者的不同方式需要考虑到资源的多样化和作业的调整。

· 教师提供支持性的课堂，创建为此运行的管理系统。

反思及讨论

1. 总结你所了解的六种使用图形组织者作为差异化工具的方法。

2. 你是如何决定使用哪种图形组织者的以及是在何时使用的？

3. 在什么情境或单元中你决定创建自己的图形组织者，以及你完成这个任务需要帮助的对象是谁？

4. 你认为使用评价量表会帮助学生生成更好、更清晰、更具逻辑性的答案吗？能与不能的理由呢？

第七章
差异化教学与青少年发展

格伦达·比蒙·克劳福德

如下所示"以青少年为中心的设计原则"确立了 6 种 e 字母开头的以青少年为中心进行差异化教学的关键原则。

以青少年为中心的设计原则

原则 1：评价（evaluation）：通过初始评价、多元评价和不间断的评价来设法了解学生发展的及个性化的学习需要、优势、兴趣和喜好。

原则 2：期望（expectation）：策略性地使用评价知识，为各类学生设计有意义的课程和具有适当挑战性的学习机会。

原则 3：投入（engagement）：使用变化的、多样的、有吸引力的教学策略，让学生投入学习并将所学知识展示出来。

原则 4：探究（exploration）：组织灵活的机会，让学生在指导和反馈下合作、探究和练习。

原则 5：延伸（extension）：通过使认知策略明确化、延长反思和元认知时间来促进学习管理。

原则 6：环境（environment）：创建和保持一种学习环境，能够对青少年智力的、社会的、身体的和情绪的发展提供支持。

资料来源： Glenda Beamon Crawford（2008）. *Differentiation for the Adolescent Learner: Accommodating Brain Development, Language, Literacy, and Special Needs*. Thousand Oaks, CA: Corwin. www.corwin.com.

以青少年为中心的差异化教学还要求能够理解日新月异的发展特性，把青少年定义为学习者。第七章考察的是青少年在智力的、个人的以及社会性方面独特的学习需要与大脑在学习过程中发挥作用的方式之间的关系。本章把青少年的学习需要与六种差异化教学的设计原则相提并论，并阐述了这些原则对课堂实践的启示。本章还揭示了与青少年的智力和情绪成熟有关的神经科学领域的重要发现。

青少年发展

青春期是一个身体发育不稳定、社会探究以及认知能力逐渐展现的发展时期。它是觉醒、领会、参与、混乱、窘迫、过渡、改变、确定认同以及自我发现的时期。作为一个不平常的群体，青少年会表现出共有的特殊发展趋势。虽然在智力和学习优势、文化和语言、兴趣和体验方面有很大的差异，但我们还是能够得出一些相互联系的结论，对青少年的学习有所了解。

青少年

儿童晚期向成年早期过渡的时期，以身体的、社会的、情绪的以及智力的发展快速转变为特点。

例如，青少年认知能力的扩展使他们能够抽象地、概念性地思考更复杂的内容。他们的认知推理和反思能力与其对个人健康和生活方式作出理性决策的能力相比要出现得更早。他们渴望处理有关的问题，讨论与分享对重要问题的观点，并谈论影响其行动的道德选择。对自己的学习进行反思和调节的能力也得到了发展。在学业上，青春期更是靠自我激励来推动他们指导自己的学习。不过，如果他们不能实现自己的目标，就容易灰心丧气。

身体上，青少年的身体正在具备成人的特征，出现了性的欲望。就个人而言，他们渴望独立和自主。在个体水平上，他们渴望处于正常状态，容易被外表、身体差异以及感知到的自我不足所困扰。他们经常借助别人对自己的看法和感觉来估量个人的价值，确立自我认同。这种自我认同是一种暂时的、不确定的准备状态，因为他们正在转变成自己要成为的人。

在社交方面，青少年渴望被接纳和肯定。他们正进入一个同伴协商和同伴压力的"美好新世界"。不过，在情绪上他们可能缺乏判断力以致无法控制自己的情绪或做出明智的、适宜的决定。表 7.1 "青少年发展趋势以及对学习的启示"将青少年个人的、智力的和社会的发展趋势与学习需要密切联系起来。

表 7.1　青少年发展趋势以及对学习的启示	
青少年发展趋势	**对学习的启示**
个人的	**学习需要**
对发展的常态焦虑	接纳、容忍的氛围
容易生气，且恢复慢	保证情绪上的安全感，给予指导
想要独立、自主	选择、责任、义务
如果未能达到，容易灰心	适当的挑战、相对的成功
智力的	**学习需要**
有不同的知识、兴趣、能力	发展各种技能和学习多种领域的内容的机会
能够看到相似概念、想法和经历之间的关系	复杂的学科问题、相关的问题
能够进行推理方面的思考推断	较高水平的、分析性的提问
能够进行批判性评价，拓展关注焦点	批判性思维的时间和机会
反思的、元认知的、自我激励的	自我评价、选择
社会的	**学习需要**
对成人的身份漠不关心	与有知识的成人在合作项目中互动的机会
关心向同伴的自我展示	强调合作、包容、小组贡献
努力保持一致，让同伴接纳	结构化的、积极的学生互动

作为学习者的青少年

青少年的学习是一种受人际互动、情境背景、个人信念、气质和情绪高度影响的智力过程（Bransford，Brown，& Cocking，2000；Vygotsky，1978）。利用青少年发展倾向的教学，是对与他们相关联的发展性学习需要的回应（Crawford,2007）。下面介绍一下这些已经明确的发展性的学习需要。

- **个人联系**。青少年需要将学习与先前知识、个人经历和兴趣以及学习模式联系起来。他们对学习经历中与自己有关的真实的事物会有良好反应，这使他们能够建立有意义的个人联系，把学习与其所经历的更广阔的世界联系起来。
- **适当的智力挑战**。青少年需要在其能力所及范围内参与认知活动。发展中的认知能力使他们能够思考、提问、努力解决重要内容中的相关问题和难题。
- **情绪上的参与**。青少年需要通过在身体、智力和社会交往方面能够吸引、触动其情绪、使其主动参与的有关体验来激发。他们对多种感官的参与投入非常着迷，且会基于个人兴趣、优势和偏好的选择机会而茁壮成长。
- **有目的的社会互助**。青少年需要与同伴和学习共同体中的其他人进行有指导的、有意义的合作。这种互动使他们能够对知识与学习进行探究、实验以及从社会方面加以建构。
- **元认知的发展**。青少年正在发展思考、反思以及掌控自己的学习能力。他们需要机会获得认知和元认知的技能、管理学习以及将其延伸到学校内外的学习情境的策略。
- **支持性的学习环境**。青少年需要安全的、结构化的、支持性的学习空间。在这样的环境里，他们能够表达和形成观点，明确阐述不成熟的想法而不用担心尴尬，并且能够感到被包容、接纳和重视。他们能够自然地在认知、社会交往、个人和情绪方面成长、成功，获得能力和自我效能。

这六种青少年发展性学习需要在当前的学习、认知、大脑发展及功能的研究中得到了支持。表 7.2 "以青少年为中心的差异化教学"说明了这种结盟。

表7.2 以青少年为中心的差异化	
差异化教学原则	**基于大脑的发展性学习需要**
1. 通过多种和不间断的评价来了解学生。	1. 个人联系，或需要把学习与先前知识、经验、兴趣和学习喜好联系起来。
2. 设计系列化内容与激发智力的教学。	2. 适当的挑战，或需要在个人能力所及范围内认知上的投入。
3. 不同的、多种的、吸引人的教学策略。	3. 情绪上的吸引，或需要通过激发好奇心与主动参与的多种感官体验来激发动机。
4. 提供灵活的机会来进行有指导的合作、探究和有反馈的练习。	4. 有目的的社会互动，或需要与同伴及学习共同体中的其他人进行有指导的和有意义的合作。
5. 反思和元认知拓展的策略教学。	5. 学习主动权，或需要获得个人学习管理和拓展的元认知方面的认知策略。
6. 支持性的学习环境，在情绪上和智力上是安全的，适合青少年思考、学习和发展。	6. 支持性的学习环境，或需要感受到在学习者共同体中的支持、重视、接纳和保护。

个人联系

学习主要受学习者的内部调节与控制，并且依赖于学习者带入学习经历中的知识、技能和经验（Bransford，Brown，& Cocking，2000）。学习发生于学生主动构建个人意义的时候。而构建个人意义的基础是学生将所要了解或理解的内容与个人建立联系，或使其有意义。由于生物、文化和经验因素的差异，青少年拥有不同的知识和兴趣，因此教师的挑战就是找到与学生的知识、观点以及感受建立联系的点（Crawford，2007）。当教师关注学生带入学习任务中的知识和信念，并且把这种知识作为新的教学出发点时，学习就会得到促进（Bransford，Brown，&Cocking，2000）。与青少年建立个人联系不仅会促进学习，而且能证明他们是谁，以及作为学习者他们所做的贡献是什么。

基于大脑研究的证据

学习是大脑的一种功能，同样依赖于建立个人联系的需要。大脑是一种寻求某种模式的器官，把新的信息片段与所熟悉的进行组块、组织和整合。它就像筛子一样，把输入的无法在其记忆结构中吸收的感觉信息过滤掉（Wolfe，2001）。大脑的主要"分类者"是内部知觉输入的信息是否能与现存的有关神经结构建立联系。因此大脑的过滤活动是直接与它选择注意的信息相联系的（Sylwester，2004）。

大脑的主动的、动态的特点使青少年能够在学习环境中互动时随时构建和重构知识。即使是在青少年出生前，他们的大脑就很快发展成复杂的、相互关联的神经网络结构，这构成了记忆与连接的基础（Caine，Caine，McClintic &，Klimek，2005；Diamond &Hopson，1998；Sousa，2001，2003；Sylwester，2003；Willis，2006；Wolfe，2001）。这些神经结构受外界环境因素的影响和塑造，包括家庭生活、文化、爱好、兴趣以及刺激的水平和数量。所有青少年都会学习，不过每个人的大脑在结构方面与学习的连接是不同的。由于不同的环境和生物因素，因此每个人带入学习情境中的东西是不同的。

对实践的启示

　　对教师的启示是要对教学进行设计，从而使青少年的大脑能够建立与个人的联系。"无论什么时候，当新的材料以一种学生能够看到关系的方式呈现时，学生就会产生更多的脑细胞活动（形成新的神经连接），就能更成功地将其存储在长时记忆中并提取出来"（Willis & Horch，2002，p.15）。当青少年神经连接的数量和质量提高时，他们就会扩展识别、使用和沟通这些连接的能力。换言之，他们会有更强的执行功能的能力，或管理个人学习的能力。

　　沃尔夫（Wolfe，2001）建议，教师可以将一个新概念与已知的概念进行比较，或者使用类比、明喻、暗喻来"把不熟悉的与熟悉的事物联系起来"（p.104）。例如，可以用火车轨道或一张纸的两条边来解释平行线的数学概念。当青少年学习解剖青蛙时，人体循环系统的先前知识可以派上用场。周围小河的生态系统是学生理解咸水沼泽地中植物与鱼类巧妙的生态平衡的基础。青少年对音乐的兴趣可以与有关古代文明的文化与传统研究结合起来。对教师的挑战就是要通过将学习经历与先前知识联系起来，以激活存储在长时记忆中的知识。相应地，青少年会建立与形成新的心理联系。

　　教师可以利用一系列策略来吸引大脑的注意，帮助青少年与新的学习建立相关的联系（Beamon，2001；Caine&Caine，1997；Caine，Caine，McClintic，& Klimik，2005；Jensen，2000；LaDoux，1996；Sousa，2001，2003；Sprenger，1999；Sylwester；2003，2004；Willis，2006；Wolfe，2001）。这些策略是多样化的、动手的、多种感官参与的、主动的以及互动的。它们也与学生视觉的、听觉的、动觉的以及其他智力优势相关。帮助青少年建立个人的联系，会扩展他们的认知反应能力并促进记忆。在课堂中建立这些联系的实践方法包括：

· 音乐、艺术、舞蹈以及增强知觉的方法，为动手学习提供机会。
· 视觉和图形组织者，有助于对信息的组织与"组块"。

· 身体活动有互动和动觉方面的价值。

· 小组讨论中以及个人单独的固定思考时间会提供巩固与内化新的学习机会。

· 幽默可以活跃学生的情绪反应，有助于他们放松。

· 其他感觉投入的经历，如哑剧、模拟和角色扮演，现实生活中的问题，田野调查，与历史和当前问题有关的模拟审判或辩论，实验，构建模型以及思维导图。

情绪投入

情绪投入与青少年的学习和思维密切相关。加德纳（1999）对情绪在学习过程中的重要性做了解释。"如果个体想要注意、掌握并在之后应用某一知识，就必须保证将其放置在一个能够让情绪投入的情境中"（p.76）。他进一步评论道，学生"更可能学习、记忆并且在随后应用那些他们有着强烈的积极情绪反应的学习经验。"（p.77）例如，在介绍一个基于问题的学习单元时，一份神秘电报的到来会立刻激起学生的好奇心。参与对时事问题和事件（如移民政策、电脑使用隐私、审查制度、全球变暖）辩论的学生，会有很高的情绪投入。阅读与讨论与青少年有关的友谊、死亡、同伴压力、文化认同方面的青少年文学作品，也会唤起年轻人与"他们是谁"有关的情绪体验。

基于大脑研究的证据

当前的神经科学技术证实了情绪在学习中的关键作用（Damasio，1994；Feinstein，2004）。感受是一种有意识的表达，与此不同，情绪是在意识水平之下，并深深地扎根于记忆中。沃尔夫（Wolfe，2001）指出，情绪是学习过程中的主要催化剂。她将情绪反应比作生物恒温器，使大脑和身体对环境中的某个事物有所警觉，从而保证了注意。"大脑会程序化地首先注意到具有强烈情绪内容的信息"（p.88）无论这种决定是否有潜在的危险，情绪能够吸引注意，"获得我们大脑记忆系统的特殊待遇"（p.108）

詹森（1998）论述道，"情绪赋予我们一个更为活跃、更易受化学刺激的大脑，帮助我们更好地回忆"（p.79）。情绪唤醒会刺激杏仁核（大脑中部处理情绪的部位），从而引发一系列生理反应，这种反应会判断情绪是否适当（如它是有害的还是我喜欢的？我应该参与还是撤退？）。0.1秒后，输入的信息经过丘脑（另一个感觉中转站），进入前额叶，这是大脑做出更多理性反应和记忆回忆的部分（如我以前见过这个吗？我应该如何反应或行动？我如何才能解决问题？）。

> **杏仁核**
>
> 大脑中部受情绪唤醒影响的区域，基于情绪的适当与否来加工输入的信息。输入的信息随后会进入另一个感觉中转站，即丘脑，再进入前额叶，在此做出理性的反应。在有压力的情境下，情绪会主导较高水平的认知加工能力。

在有压力的情境中大脑感知到威胁，如羞辱与疏远、尴尬或身体伤害、欺凌或厌烦，情绪可以主导认知，大脑的理性与思维部分就会不太有效（Beamon，1997）。当教学能够吸引学生的兴趣时，压力就会减小，学生就会成为威利斯（Willis，2006）所描述的"更成功、更快乐的学习者"。威利斯继续写道：

有关压力与知识获得的脑科学研究的共同主题是当压力降低且学习经历与学生的生活、兴趣及经验相关的时候，高质量的学习就会发生。课程必须激发兴趣，具有挑战性而无胁迫感……相反，学生体验到的压力、焦虑、厌倦以及疏远会阻碍神经的传递、突触的连接、树突的生长，这些是学习的生理基础，也是目前可以看得见的基础。

对实践的启示

能够从正面激发青少年的好奇心、触动他们的感觉的学习体验，更有可能使他们在情绪上投入进去（Crawford，2007）。新颖性、吸引力和幽默感会抓住青少年的兴趣。教师可以引入一个真实的、需要迫切解决的问题方案；策划一个要解开的谜，有选择地给出一些线索；重新布置房间，模拟供阅读诗歌用的咖啡屋；带入与课程背景效果有关的真实道具，穿上戏服，或戴上扮演角色的帽子（Kaufeldt，2005）。

范斯坦（Feinstein，2004）指出，情绪会影响青少年的注意、动机、推理策略以及记忆能力。她建议播放轻柔的音乐来欢迎学生进入课堂，或者在某个内容领域（如科学课上）播放古斯塔夫·霍尔斯特（Gustav Holst）的《行星》作为伴奏。她写道，"一位物理老师滑着滑板进入课堂，用两种不同的质量来演示力和速度；另一个教师翻转车轮来模拟分子转动。"

威利斯（2006）确定了几种降低压力的策略，能够吸引学生的注意，改善大脑的接收、编码、存储以及提取能力。这些策略包含了"含义惊奇"的因素，如出乎预料的课堂事件；展示动态视频；营造一种积极期盼的情形，激发学生的好奇心；使用幽默和独特的图像，如错觉；提有趣的开放性的问题，紧跟着快速回答或思考－配对－分享；设计丰富的、变化的感觉学习体验，以学生为中心，而且可以进行选择。吸引和保持学生的注意会增强他们使用高层次思维的愿望。她提出一种称作"爆米花"（popcorn）的阅读策略，指的是一种大声朗读技巧，学生可以随时"跳进来"进行阅读（p.21）。克劳福德（Crawford，2007）列举了其他让情绪投入的体验，所有这些都是在生理上安全的、有吸引力的课堂氛围下呈现的，如下所示：

·戏剧、角色扮演和辩论；

·基于问题的学习、问题解决；

·课堂庆祝活动；

·研讨会及课堂讨论；

·合作学习以及团体项目；

·讲故事、个人表达、日志写作；

·模拟审判、实验、项目；

·基于田野的项目与服务性学习；

·交互技术。

适当的智力挑战

在大脑额叶（即大脑的思维部位）出现快速生长的时期，认知能力正在显露，青少年在智力方面做好了探究、批判性思维以及解决问题的准备（Beamon，1997）。有意义的、适宜的以及相关联的挑战促使青少年茁壮成长。"他们玩弄文字游戏，写作五行打油诗，钻研科幻小说，辩论政治和环境问题（越有争议越好），发表意见，解决真实生活中的问题——可能性是无止境的"（p.23）。智力上的挑战并非被动地接收信息，而是"给予青少年自由，让他们带着想象力去实验，释放他们爱虚构的激情，探索着迷的幻想，使用发展中的心理运动技能"。

最近发展区
维果斯基（1978）的概念，认为有了足够的支持，或称脚手架，学生就可以驾驭高于其准备水平一个等级的挑战。

青少年正逐渐形成抽象思维和道德推理的能力，使他们能够对影响自身的道德问题作出反应。他们能够考虑假设的问题，分析复杂情境，作出反思性的结论（Feinstein，2004）。例如，骨髓干细胞的研究、移民管理、热带雨林的森

林采伐、基因序列、人权和公民权利、动物保护、与战争正义与否及世界和平有关的话题，这些主题能够引起学生精彩的讨论与辩论。适宜的智力挑战将新奇、互动、活动以及情绪上的投入带入到学习体验中。

由于所有的青少年不会同步具有抽象思维的能力，因此教师要提供动手的、具体的学习策略来减少失败与挫折（Feinstein，2004）。解剖青蛙有助于青少年理解复杂的循环系统，而动手操作会对几何的学习有所帮助。维果斯基（Vygotsky，1978）的最近发展区概念认为，如果学生拥有足够的支持，那么他们能够驾驭高于他们准备水平一个等级的挑战（Bransford，Brown，& Cocking，2000）。这些支持也被称作脚手架，可以是人，如教师、其他学生或成人；也可以是符号，如计算机、图形计算器、图形组织者以及思维导图，来帮助学生以有意义的方式恢复、操作并组织新的信息。

脚手架

学习环境中的协助者，可以是人，例如教师、同伴或其他成年人；或者是符号，如计算机、图形计算器或图形组织者。

基于大脑研究的证据

刺激性环境中的挑战因素会改变大脑的结构、密度和大小（Kaufeldt，2005）。大脑是特别容易受影响的（称作大脑的可塑性），并能对学习环境中的挑战经历做出回应（Diamond，1967）。从细胞层面上来讲，青少年大脑中300亿个错综复杂的神经细胞与信息精细加工系统中的数万亿的树突相连接（Beamon，1997）。神经细胞的轴突从细胞体延伸出来，并通过联合通道向邻近的神经元传递化学信号。当青少年的大脑对输入的刺激进行加工，并与先前习得的长时记忆中的知识建立联系时，这些神经元突触确实会随着传导性的电化学介质而产生兴奋（Willls，2006）。经过反复的训练与激活，大脑就会建构更长久、更复杂的神经轴突和树突，并且神经连接也会变得更加迅速、丰富、有效。

> **大脑可塑性**
>
> 　　大脑通过树突的发展和新的、不断增加的突触连接来回应学习环境中的挑战，这样会促进大脑功能的整合。

随着神经结构的形成、改变及变更，一种白色胶质细胞（称作髓鞘）的脂肪组织就会在其周围形成、稳固，并因此能增强轴突。这种髓鞘可以协助神经元和大脑区域间信息的传递，并且能够促进大脑功能的整合。当青少年的大脑主动吸收新知识，如提问、讨论、问题解决、小组活动、加工及应用，那么认知联系会受到强化，新知识也更容易进入长期记忆中（Wolfe，2001）。在丰富的环境中，大脑确实会长出新的、更复杂的突触连接。

对实践的启示

当教师通过多样化的、多种感官参与的方式来呈现新的学习材料，给予学生时间进行练习、加工、检查时，神经连接将会变得更加庞大，联系更为密切（Willls，2006）。例如，在学习加速度这一抽象概念时，八年级学生先学习一个公式，在小组中用尺子、上发条的玩具、计时员进行一系列实验室实验，并将这一实验过程形象化地呈现出来，然后讨论观察到的内容，分析收集的数据，计算速度和负加速度，把速率也计算出来，教师在黑板上画一幅图来提醒学生平均速度和最终速度之间的差异，在互动式笔记本上记录实验结果，分享发现的东西，讨论加速度在现实生活中的情形（例如，我们如何来确定经过学校停车场时你的滑板车的负加速度？）通过各项活动，大脑的不同部分相互连接，并与新概念建立联系。因此这种新信息会在大脑的多个区域保存下来，通过记忆电路加以连接，从而更容易提取。

有目的的社会互动

与生俱来的与同伴互动的倾向以及合作建构知识与新的学习的认知需要，会从社会性方面来激发青少年的学习动机。

认知心理学家在一段时间内一直认为学习是一种社会过程，这种社会过程的支持来自学习环境中的资源、人和符号进行有意义的互动（Perkins，1992；Resnick，1987）。社会分享的互动或认知分享使内部对话呈现出来，这样知识就得以构建、巩固和重塑。其他学者（Pea，1993；Gardner，1999）认为，知识与智慧是在人与人之间传播的，而技术提供了支持。当青少年能够与同伴进行互动，无论是解决一个问题，进行一项调查，开发一个游戏，或者筹划一场辩论，他们都能够通过分享观点和资源而在社会性和认知方面获益。

> **认知分享**
>
> 该理论认为，与学习环境中的资源、人、符号进行有意义的社会互动，有助于学习与知识的建构。

与此相似，建构主义的方法提升了社会互动及知识分享在当地或全球学习者共同体中的价值（Bransford，Brown，& Cocking，2000；Perkin，1999）。作为一种学习观点，建构主义者认为青少年会改变先前知识以包容新的经验，这是因为他们的大脑会主动寻找与已有知识之间的联系，并获得意义（Brooks & Brooks，1993）。这种观点支持有目的的教学设计，这种设计要与青少年先前的学习与经验有关，并且强调手动解决问题。建构主义的核心宗旨是知识与认识是在与他人的对话中进行建构的。

不过，尽管青少年天生就喜欢交往，但是他们并不会轻而易举就掌握社交技能，以便在小组中与他人合作达成共同的学习目标。如果能够把社会互动计划好，而且教师能够向学生灌输目标明确的合作技巧，那么社会互动就是有意义的。通过对学习任务的具体指导使结构与责任一目了然，对行为和结果的期望被清晰地表达出来，将评估和反思的程序组织得当，这样社会互动就更有可能取得成效（Crawford，2007）。

基于大脑研究的证据

脑科学研究进一步证明了社会互动的重要性。雷纳特·凯恩（Renate Caine）是一位适应大脑的学习（brain-compatible learning）方面的专家，强调了大脑的社会性（引自 Frankin，2005）。"记住，心理是社会性的……你要把知识植根于他们的经历及日常生活中"（p.3）。《发展中的心理》（*The Developing Mind*）的作者西格尔（Siegal）指出，人们之间的社会互动，包括家庭、课堂、文化或者经由网络传播的更广博的世界文化，能够促进能量与信息流入大脑，再由思维进行主动加工。

赛尔维斯特（Sylwester，2006）解释道，大脑在儿童晚期与青少年早期之间（"中间脑"，the tween brain）的成熟，是与从"儿童期对依赖的接受"到"青少年达到独立"的发展同时进行的（p.1）。由于额叶在青春期前发育成熟，因此思维和行动从被动做出反应转向了主动地思考与行动。作为年幼的孩子，青少年依靠成年人做出执行的决定。不过，随着额叶区的成熟，青少年开始期望自己做出决定，自行解决他们的问题。随着这种认知的转变，他们渴望探究，渴望与同伴互动，渴望能够自主。

对实践的启示

丰富的教学策略能够使青少年一起合作探究问题（Crawford，2007）。基于问题或基于项目的学习、服务性学习、模拟、合作学习结构、读书会以及其他分组策略，为学生提供了交流观点与合作学习的机会。通过人际交往，青少年的"大脑能量"得以分享，思维与学习的认知潜能可以得到提升。因此，教师可以在众多可利用的策略中进行选择，并可以将同伴分组一起整合到教学中。对青少年而言，有目的地分享互动对其建构积极的自我概念、学业成就、批判性思维、同伴关系、积极的社会行为和学习动机有促进作用（Johnson，1979；Johnson &，Johnson，1988）。

教师要想使社会互动取得成功，那么教学、实践和反馈都必须是有目的的，并且教师的互动角色至关重要。不间断的评估能够提供建设性的反馈，帮助青少年有成效地指导学习活动，积极控制他们对待彼此的行为。如果团体互动工作能够有效地执行，那么青少年在社会性、人格以及认知方面将会获益。

元认知的发展

> **认知学徒制**
>
> 也称作元认知训练。当学生练习、获得自我指导学习的认知策略时，教师进行策略性思考的示范与指导。教师的帮助会逐渐减少，而学生的策略能力会逐步提高。

学习的一个主要目标就是帮助青少年成为对自己的认知负责的管理者（Bransford，Brown，& Cocking，2000）。实现这个目标重要的是让学生发展元认知及自我管理的策略能力。"为了发展学习中的策略能力，儿童需要理解这种能力对学习意味着什么，作为学习者他们是谁，以及如何对自己及他人的学习进行计划、监控、修改与反思"（p.100）。不过，要实现自我管理，离不开其他众多学习专家的指导与精心组织。教师与青少年学习者的关系被称为"认知学徒"（Collins，Brown，& Newman，1989）。在教师的指导下，青少年的能力会逐渐增强，并最终学会自我指导。

　　青少年出现的元认知思考能力能够使他们对自己的学习进行更加策略化的思考。一个很有说服力的现象就是元认知能够使青少年确立目标、制订计划、解决问题，监控并评估学习过程。教师和其他学习领域中的专家不间断的反馈，可以使青少年做出判断，逐渐发展他们的能力。在最后的阶段，教师给予学生较少的帮助（称作减弱），学生将会对自己的学习承担更多的责任，有主人翁的感觉。元认知训练的目标在于帮助青少年很有策略地去思考知识，同时逐步增强他们的认知技能。

基于大脑研究的证据

> **精心演练策略**
>
> 　　该策略是通过重复的联系来激发大脑天生具有的构建长时记忆回路的能力。它们是通过运动、情绪刺激、多种感官的参与、社会互动、智力挑战来激发学习的积极性。

　　与教师在认知学徒模式中的角色比较相似的是基于脑科学研究的精心演练策略（Wolfe，2001）。精心演练策略有助于青少年对新信息进行互动、加工，直到掌握为止。反复进行信息片段的联系有助于长时记忆回路的形成（Martin & Morris，2002）。精心演练策略通过运动、情绪、多种感官的投入、社会互动、智力挑战来激发青少年的积极性。它们激活新的树突网络，并增加了保持新信息的可能性。对青少年大脑的另外一个益处在于其更有效的神经加工。突触活动速度的提高使大脑在加工信息以及在将先前的学习与当前的学习建立联系时更加轻松。

对实践的启示

脑科学的研究文献给出了很多精心演练策略（Crawford，2007；Caine & Caine，1994；Jensen，1998；Sousa，2001，2003；Sylwester，1999；Wolfe，2001），如下所示：

- 课程中的写作活动：包括日志、诗歌、故事、演讲、信件、报纸颂词、对话、速写 / 速画示意图或互动式笔记。
- 记忆术策略：包括音乐、说唱、节拍十分规则的简短诗歌、缩写语、韵律、短语、关键词想象、局部联系（local association）、叙事链接（narrative chaining）。
- 同伴教学及其他能够进行总结、讨论、分析和评价的合作学习体系。
- 交互式教学（reciprocal teaching）。
- 主动审阅，包括学生的报告和比赛形式。
- 阅读中要间隔记笔记、讨论和反思。
- 思维地图：包括网站、图形组织者、故事情节、示意图、数据组织结构图、矩阵、t 型图表。
- 身体活动：包括角色扮演、模拟、再现。

支持性的学习环境

学习环境是一种多维度的实体，包括物理空间、结构与时间，社会互动与智力互动，以及情绪、情感的交流（Crawford，2004）。当教师对桌椅的摆放与墙面的布置、程序与步骤、对学生行为的期望、材料与资源、学生小组、课程开发与教学、教师与学生以及学生与学生之间的关系做出决定时，就是在创造学习环境。学习环境包括可以看得见的以及隐形的课堂结构和过程，如此设计使学生个体和整个班级都能从中受益（Tomlinson & Eidson，2003）。

有益于青少年的思维与学习的学习环境是对其个人的、认知的与社会性需要的回应（Crawford，2007）。在一个灵活而又结构化的以团体为导向的环境中，青少年能够更好地学习与思考。在这里，他们可以走动、谈论与互动。学生在下面这样的学习环境中会健康成长：激发个人的学习兴趣，给予智力上的挑战和有目的的支持；从事相关的、有意义的学习活动；能够体验到学业上的成功。

基于大脑研究的证据

在一个身体、社会—情绪和认知方面安全的课堂环境中，大脑会以最大的能量运转。斯普伦格（Sprenger，2003）在她的著作《学习风格与记忆的差异化》（*Differentiation Through Learning Style And Memory*）中写道：自然光线、凉爽的温度、自然的色彩、音乐、水、秩序、安全等物理特征与学生的注意、学习、记忆紧密相连。一个有助于学生理解与管理情绪、培养对他人感受的共情能力、获得人际交往技能的学习环境，对于大脑的社会性与情绪的发展是重要的。与大脑相匹配的认知环境包括"预知、反馈、新奇、选择、挑战与反思"（p.18）。能够预知可以减少压力；持续的、互动式的反馈可以促进大脑的学习；适度的新异刺激可以引起注意；选择的机会可以吸引大脑中负责情绪的杏仁核体，并能促进做出决定、制订计划和批判性思考的能力；适当的挑战和反思的机会能够促成更深入的信息加工与长时记忆。

对实践的启示

第四章与第五章（注：指本章所节选的书）就青少年发展方面适宜的学习环境以及如何在物理的、情感的和认知的维度进行差异化以满足青少年不同的需求进行了广泛的讨论，在研究基础上阐述了实践中相互关联的组织与管理以青少年为中心的学习环境的做法。

学习的黄金时间

　　神经科学中复杂神经影像和脑成像的研究对青少年的大脑发展与学习和行为的关系进行了深入的探究（Giedd et al.，2004；Strauss，2003；Willis，2006）。这些发现对于理解大脑的功能、发展与教学实践之间的关系是很必要的。撰写《适应大脑的教学》（*brain-compatible instruction*）的教育家们告诫，不要做简单化的、因果关系的解释（Caine，Caine，McClintic，& Klimik，2005；Crawford，2007；Jensen，2000；Sylwester，2005；Wolfe，2001）。不过他们的确同意这样的观点，即大脑的学习机制是"我们做出教育决定所依据的基本要素"（Wolfe，2001，p.191）。下面还有一些关于青少年大脑的新发现。

> **适应大脑的教学**
>
> 　　与大脑接收与组织新信息的方式相适应的教学。大脑接收与组织新信息的方式是与先前知识建立联系、加工长时记忆中的信息、恢复以前习得的知识。对适应大脑的教学有帮助的条件包括在支持性的、安全的学习环境中的情感激励与认知投入。

神经的生产过剩

　　神经成像记录表明青少年的大脑仍处于生长、成熟及发展的过程之中，这对教学和学习十分重要。《孩子的秘密：青少年大脑的新发现》（*The Primal Teen：What the New Discoveries about the Teenage Brain Tell Us About Our Kids*）

的作者斯特劳斯（Strauss，2003）对这种现象做出了如下解释：

目前越来越清楚的是青少年的大脑还在不断发展之中，是一项巨大的建设工程。成千上万的连接联系在一起，而数百万的连接会被清除掉。影响神经系统的化学物质冲洗着青少年的大脑，赋予它新的面貌，新的视野，生活中新的机会。青少年的大脑是未成熟的、脆弱的，还在发展之中（p.8）。

随着神经细胞生长出越来越多的突触连接，或者产生新的神经元沟通通道，青少年大脑的灰质会随之增厚。这种生产过剩，或者称作神经茂盛（neural exuberance），会在青春期前出现在大脑皮层的额叶区域（Strauss，2003）。大脑皮层的灰质与推理、元认知、计划、问题解决、注意集中、情绪的自我管理、语言专业化有关，灰质增厚实质上是"大脑细胞细小的分支（树突）疯狂生长的结果……"（p.15）。青少年大脑的这一区域是最晚成熟的，直到在成年早期才会得到完全发育。正如前面所提及的，大脑的白质（即髓鞘，可以使神经轴突绝缘，运送来自神经元的信息）也会变厚。髓鞘保护层使得细胞神经元之间的神经信号传递得更快、更有效（Willis，2006）。

> **神经的生产过剩**
>
> 随着青少年大脑的成熟，在青春期开始前大脑皮层额叶区的神经元和突触连接会出现生产过剩现象。

大脑额叶的发展与青少年执行功能的发展有关，或者说与计划与组织思考、运用推理、访问工作记忆、进行危机评估、调节情绪、反思个人优缺点的能力相关（Caine，Csine，McClintic，& Klimek，2005）。尽管青少年最终有能力具备执行功能，但是它不会瞬间出现。青少年大脑的抵制冲动、控制情绪、做出决定、事先计划的能力仍处于"建设之中"，不时会让教师和学生感到气馁（Strauss，2003）。

神经塑造

另一项研究发现，在13—15岁之间、神经生产过剩阶段之后，青少年的大脑要经历一个"修剪"（pruning back）阶段，称为"神经塑造"（neural sculpting）。实际上，一小部分突触连接会消失。神经科学家杰·吉尔德（Jay Giedd）在《前线》（Frontline）栏目的《青少年大脑的秘密》（*Inside the Teenage Brain*）（Spinks，2002）的访谈中指出："有一场激烈的竞争性的淘汰，脑细胞与神经连接为了生存而竞争"（p.2）。频繁活动的突触变得更加强大，代价是牺牲掉那些较少使用的突触，此时青少年的大脑就会经历一段线路提炼时期（Wilson & Horch，2002）。因此，当大脑在为成年期加固、聚焦和准备时，大脑的成熟需要对神经连接加以精细的调节。

神经塑造

在神经繁荣之后出现的线路提炼阶段，此时经常使用的神经连接会加强，而较少运用的会消失。当青少年的大脑成熟时，神经塑造容易受到经验的影响。

有意思的是，青少年的经历对于哪个神经结构在"修剪过程"中幸存下来起着决定作用（Spinks，2002）。当青少年探索与塑造身份时，他们在社会的、个人的、学业经历中所做的事情会成为影响大脑成熟的要素。例如，当他们主动投入音乐、活动中时，大脑相应区域的突触连接就有可能增强或被保持下来。然而，一个颇具讽刺意味的残酷现实是，在他们勇于尝试、渴望被接受、容易自以为是的特定时期，正趋于成熟的青少年的头脑非常容易受到毒品、酒精、营养滥用的影响。青少年大脑的这种功能变化使潜能与危机并存。

刻意疯狂

多年来，青少年不稳定的、出乎意料的行为一直被草率地认为是荷尔蒙分泌过剩的结果。然而，近期脑科学的研究可以很好地解释青少年做出冲动决定或者表现出鲁莽行为方式的原因。青春期表现出的情绪波动与旺盛的荷尔蒙没有太大的关系，而是与"体内化学物质、大脑的发展以及认知发展之间复杂的交互作用"有关（Price，2005，p.22）。与控制冲动和自我管理有关的大脑区域依然不断地发生着变化。斯特劳斯（Strauss，2003）风趣地写道："青少年的大脑事实上会有短暂的疯狂。但是科学家却说它是有意疯狂的。青少年的大脑处于不断变动、发狂与混乱之中，它本应如此。"（p.8）

青少年的额叶未得到充分发育，这与他们无法调节与抑制某些行为的能力有关。范斯坦（Feinstein，2004）指出："5-羟色胺是一种能使我们感到镇静与安宁的神经递质，在青春期自然而然地处于低水平（p.108）"。青少年不会考虑有潜在危害的决定和行动的后果，而更易于寻求感觉刺激或有风险的行为，包括性接触、吸烟、药品滥用（Caine，Caine，McClintic，& Klimek，2005）。即使青少年对寻求刺激行为可能导致的危险有一种认知上的觉察，但他们似乎并不能控制其冲动行为。

虽然神经科学家们对于得出大脑功能与青少年行为之间有直接关系的结论颇为谨慎，但他们还是推测，大脑的发展能够解释青少年不时会在调节情绪反应方面出现困难的原因（Thompson，Giedd，& Woods，2000）。正如前面所提到的，在情绪诱导的情境下，青少年倾向于在杏仁核的"本能反应"基础上做出更多的反应，而非额叶的执行或调节功能下的反应。不过，随着青少年的年龄增长，大脑活动转向额叶，情绪反应就会变得更理智、更合理。有了这种支持与结构，青少年就能够具备做出负责任的决定和获得个人管理的技能。

身体反应的实体

其他两个区域在青少年的大脑发育中也是重要的，即小脑和中脑。小脑位于脑干上面一个小的部位，负责平衡、姿势、肌肉协调及身体运动（Jensen，2000；Sylwester，2006）。目前的脑科学研究将小脑与认知功能联系起来，包括思维过程的协调（Wilson & Horsch，2002）。神经科学家推测，青春期小脑的发展是不受基因控制的，因而容易受到环境的影响。在传统课堂中，青少年被动地坐在那里，生硬记忆离散的、关联度很小的信息，这种环境无法促进认知的发展。

青少年的大脑与身体活动的联系并非脑科学研究的新领域。詹森（Jensen，1998）将大脑称为"身体反应的实体"（physically-responsive entity），论述了运动与学习的联系。根据詹森的观点，小脑可能是大脑中"沉睡的巨人，因为它在神经方面与额叶有更多的连接"（p.83）。小脑容量大约是大脑的十分之一，却包含了大脑过半数的神经元。

大量的研究将身体运动与促进形象化思维、问题解决、语言发展与创造性的动觉活动（如雕塑与设计）联系起来（Greenfield，1995；Silverman，1992；Simmons，1995）。身体锻炼包括休息、运动及室内活动，用高热量的食物给大脑供给营养（称为"神经营养因子"），会促进大脑的生长以及神经元之间的连接。与神经发展相联系的运动包括各种身体活动，如"动态的"图形组织者、人体雕塑、宾果人游戏（human bingo）、简易抛球、校内田野调查以及简单的伸展练习。

小结：与大脑相适应的教学

克劳福德（Crawford，2007）重点强调了一些适合青少年学习与发展的与大脑相适应的教学策略。这些策略是专业文献推荐的，并且已经在初高中的课堂中进行了实施（Caine，Caine，McClintic，& Klimek，2005；Jensen，1998；Nelson，2001；Sousa，2001，2003；Sylwester，2003；Wolfe，2001）。这些策略包括：

- **整合主题的学习单元**。鼓励青少年在与社会问题、个人关注有关的学科领域间建立主题的联系。
- **基于问题 / 项目的学习单元**。让青少年作为利益相关者来参与对真实问题的调查与批判性分析。
- **学术的服务性学习单元**。促进合作探究、公民行动以及社区拓展服务。
- **现实生活中的学徒制**。使青少年和成年人一起参与和课程有关或基于个人兴趣的实习工作。
- **模仿与游戏**。选派青少年扮演角色，在角色中他们可以轮换视角来考虑不同的观点及相关的伦理问题。
- **音乐与艺术的整合**。通过感官刺激来加深情绪体验，从而促进记忆。
- **同伴合作与合作性的学习结构**。为青少年提供机会去分享与建构知识、解决问题、磨炼社会与人际交往技能。
- **思维地图**。为青少年提供了对其思维进行组织与分析的具体形象的机制。
- **反思性写作**。为青少年提供了一种加工、巩固、对个人学习进行元认知思考的工具。
- **谜语和字问题**。对于青少年而言相当于"脑筋急转弯"，帮助改进思维技能，加强突触之间的连接。
- **身体运动与锻炼**。能保持大脑的警觉性与注意力。
- **团队的身体挑战**。促进合作与问题的解决。
- **网络活动**。当青少年研究相关的时事问题，与顾问、专家和同伴进行合作，主动使用数据和技巧时，网络活动就为他们开启了世界之门。

总结与展望

· 本章讨论了青少年的发展趋向、学习与大脑功能之间的相互关系，罗列了六种差异化设计的要素，它们与发展的、基于大脑的要素相关联，能够为青少年的学习提供支持。这就是：个人联系、适当的智力挑战、情绪投入、有目的的社会互动、元认知的发展、支持性的学习环境。本章也探讨了与青少年的学习、情绪管理有关的大脑发育的重要研究，并提出了相应的课堂实践策略。

天才教育和普通教育的相互影响
——交流、合作与共建

卡罗尔·安·汤姆林森

玛丽·鲁思·科尔曼

苏珊·艾伦

安妮·尤德尔

玛丽·斯莱德

　　天才教育似乎常常与普通教育隔绝开来，部分原因在于人们对公平和卓越的看法迥异，以及因此而形成了一种剑拔弩张的态势。不过，最近天才教育工作者和普通教育工作者都在呼吁增加两个领域间的合作。本文报告的内容及建议来自全国天才儿童协会委托专门工作组进行的一项研究，旨在确定天才教育和普通教育工作者对于实践之间的联系持什么态度，并给出两个领域的从业者对增加天才教育和普通教育之间的交流、合作和共建的指导。

背　景

　　在当前的教育环境下，学校一直在进行重大的改革（过去也常如此），但是普通教育和天才教育之间依然存在明显的分歧，主要原因在于：1.普通教育者将天才教育视为精英教育（Margolin，1994；Oakes，1985；Sapon-Shevin，

1995；Wheelock，1992）；2. 天才教育者认为普通教育毫不顾及学习能力强的人的需要（特殊儿童委员会，1994；Renzulli & Reis，1991）。反映两个教育者团体之间差异的焦点涉及改革的倡议，如异质分组、合作学习、基于网站的管理（site-based management）以及中学的理念（the middle school concept）等（特殊儿童委员会，1994；Gallagher，1991，1992；Robinson，1990；Rogers，1991；Tomlinson，1992，1994）。

尽管分歧犹存，但是许多天才教育工作者已经注意到天才学生也会经历反复训练、以教师为中心、基于课本和测验导向的课堂模式（Tomlinson & Callahan，1992）。此外不管是对天才学生还是所有学生而言，学校改革运动都蕴含着潜在的益处（特殊儿童委员会，1994；Dettmer，1993；Ford & Harris，1993；Frank，1992；Ross，1993；Tomlinson & Callahan，1992）。最近，有关天才教育的文献也有大量主张天才教育与普通教育建立密切联系的呼声（特殊儿童委员会，1994；Hanninen，1994；Treffinger，1991，Van Tassel-Baska，1994）。尽管如此，对建立联系的观点持什么态度，通过什么渠道可以推进这种关系，两个领域的从业者尚未有系统的研究。

詹姆斯·加拉格尔（James Gallagher）在其担任全国天才儿童协会（the National Association for Gifted Children，NAGC）主席期间建立了一个 NAGC 专门工作组，其使命在于考察天才教育领域与普通教育领域如何能够更有效地相互影响。专门工作组负责向 NAGC 董事会提出有关增加两个领域间合作的建议。本文简要叙述一下 NAGC 专门工作组关于天才教育与普通教育之间相互影响的方法和内容的报告，期望这份报告的总内容以及许多具体的建议不仅在全国范围内有用，而且在大学、地区、学校和课堂层面也有作用。

方法：专门工作组运用的程序

为了鼓励更多人，而非只是专门的委员会机构参与，专门工作组主席设计了一种分三个层次来收集资料的程序，以便从全国各种专业人士和家长那里收集想法。该程序的第一层牵涉到专门工作组指导委员会三个成员之间的合作，形成访谈协议并简要叙述资料收集和分析的过程。专门工作组的每个成员都有长期的普通教育和天才教育的专业经验，每个人都有公立学校和大学工作的经历，而且每个人都有大量研究方面的训练和实践。这些参与者还会在该程序的第二层做采访人。

在该程序的第二层，指导委员会的每位成员与全国各个地区的教育工作者联系，采访他们敬重的在天才教育领域有一定地位和贡献的两个人以及普通教育领域有一定地位和贡献的两个人，进而邀请他们参加专门工作组。那些接受邀请的人会收到一个访谈信息包，包括对该项目的解释、受邀请者的作用、半结构化的访谈计划（Bogdan & Biklen，1982）、访谈的指导原则（Bogdan & Biklen，1982）以及向专门工作组指导委员会汇报资料的程序（需要的话可以拿到相关的支持文件）。

访谈者用录音的方式进行采访记录，形成对每个访谈的综合性资料以及对其访谈的评论性资料（Bogdan & Biklen，1982），向指导委员会递交完整的访谈笔记和总结。该委员会大约会接收并分析 50 个访谈。访谈是对来自亚利桑那州、加利福尼亚州、佐治亚州、伊利诺斯州、路易斯安那州、密歇根州、密苏里州、新墨西哥州、北卡罗来纳州、南达科塔州、德克萨斯州、弗吉尼亚州、华盛顿州和威斯康辛州的专业人士和家长进行的。访谈的人员包括：普通的任课教师、天才教育方面校级水平的专家、区一级的天才计划管理者、天才教育州一级的管理者、普通教育州一级的管理者、大学教授、校长、助理校长、督学、助理督学、学生学习与评价的指导者、联邦基金的项目管理者以及家长。专门委员会的目标并非从大学里进行系统抽样得出一个数据，而是广泛听取那些与天才和普通教育息息相关的不同个体的想法。未参与最初程序设计的人员还会加入到专门工作组指导委员会的成员中，分析访谈笔记和总结，通过内容分析先查找多次出现的主题（Lincoln & Guba，1985），然后将那些主题以能够表现出访谈中观念模式与动向的方式组织在一起（Miles & Huberman，1984）。

项目的审核追踪工作也一直在进行（Lincoln & Guba，1985）。

专门工作组程序的第三层牵涉到一个委员会对初拟报告的审查。该委员会是由公立学校在天才和普通教育领域均有丰富专业经验的教育者组成的。审查的目的是考察报告的内容和形式。审查委员会对报告草案中的许多建议提供支持。不过，他们也对草案把重点放在天才教育和普通教育间的共同努力上表示怀疑，主张寻求和重视其他非具体合作的交汇途径。在对草案审核后，委员会主席对草案重新修订以囊括审查委员会报告的意图，呈交指导委员会成员以征得同意，之后交给全国天才儿童协会负责专门工作组任务的主席。

尽管参与专门工作组任务的人对天才教育与普通教育的合作方面存在的其他观点并不置疑，但是我们强烈感受到，50 个访谈的分析结果呈现出值得关注的思想态势以及提供了有吸引力的、有价值的建议。

报告内容综述

从对天才教育和普通教育者的访谈中可以看出，两个领域之间交流、合作以及 / 或共建的迫切需要不容忽视。事实上，所有的受访者都谈到了共同努力的理由，提出了合作的注意事项，指出了合作与共建的障碍，强调合作与共建的潜在益处，并且提出如何形成合作与共建的具体建议。这份报告就是按照上述内容呈现的。在许多情况下，受访者的话用于支持或强调通过分析访谈文献得出的结论。值得注意的是，受访者、指导委员会成员以及审查委员会成员懂得了合作（cooperation）、共建（collaboration）并不是指同化（assimilation）。报告也给所有参与者明确了天才教育在广大的教育领域中所具有的独特使命，必须对此加以保护。尽管如此，人们也明确认识到天才教育和普通教育之间的交流、合作与共建是令人信服的目标，应该由天才教育者发起和践行。在本文中，"共建"一词应该指的是对两个领域间的相互理解与相互作用提供支持的努力，领悟到两个领域的使命是不同的，而且也不应该是相同的。

共建的理论依据

受访者给出了三个主要的反复出现的巩固天才教育与普通教育间合作的理论依据。

1. 两个领域的合作将会促进公平与卓越二者地位的平衡，使所有的学生受益。通常情况是普通教育强调教育中的公平，而天才教育重点关注的是卓越。当两个领域在对话、计划与计划在执行中保持相对独立时，结果会在鉴别出来的天才学生与未鉴别出来的学生之间产生"富人"和"穷人"的感觉。合作将会提升使所有学生的才能得到发展的理念。它将打破在普通教育中将所有学生一视同仁的模式，而且天才教育会更为包容，它会是"为所有学生提供优质的方案，而非只是选择少数人"。对于许多受访者而言，协调与平衡公平和卓越似乎是合作与共建的迫切理由。公平关注的是所有学习者（包括天才）能力最大化的机会；卓越关注的是各个层次（包括那些未被鉴定为天才的学生）的才能发展。美国教育（以及民主）受益于学校（及社会）对卓越和公平合法地位的认可，并在二者之间寻求平衡，而非贬低任何一种角色。

2. 两个领域的合作将会强化我们有许多共同目标的事实。天才学生的大部分时间是在常规课堂情境中度过的。对常规课堂的健康成长有助益的东西会帮助所有学生（包括天才）拥有良好的学习状态。因此，丰富的内容、对批判性和创造性思维的适当期望、有益成果的发展、确立对高质量和努力工作的期望是两个领域的教育工作者共同的目标。（在对机会进行反思而非加以指责时，一位普通教育工作者说道，"如果你不能把普通教育办得更好，那么你不可能在短期内使天才学生的教育变得更为出色。这是因为正如我们今天所了解的，没有公立学校能够做到这一点。"）同样，天才学生是学习者连续体的一部分，他们中的每个人都有特殊的需要和共同的需要。因此，"满足儿童的个性化需要是两个教育者群体共同的价值体系。"共同的目标并未消除普通教育者和天才教育者有关如何确立这样的目标的明显分歧。不过，与没有这样的对话与合作相比，他们的确为两个领域的教育工作者提供了对形成更广泛的学生群体有益的执行策略进行讨论与合作的重要基础。

3. 两个领域间的合作将会使通才与专才有益于整个学校共同体的优势最大化。一位普通教育者说道："普通教育者在学校中发挥着重要的作用，但天才教育工作者也是如此，而且他们发挥的作用不同，他们不应该还要为自己的身份或认可而抗争。""作为一名教师，我愿意为儿童做更好的工作。为此，我需要更好的训练和支持，需要更好的教学策略方面的技能，需要更多的资源和材料，还需要更多地了解什么是天才教育。"一位天才学生的教育者说道，"在我的课堂上天才学生所得到的教育不能在常规课堂中复制，但是我也知道，天才儿童需要成为大环境中的一部分。"天才教育一直并将持续扮演实验室的角色，对所形成并可应用于普通教育的观念进行检验、提炼和传播。通才和专家都对教育的成功做出了特别的贡献，而共生关系将会为两个群体的教育者以及他们所服务的儿童增加发展的可能。

合作的理论依据似乎让人联想到管弦乐队的隐喻。天才教育是这个大团体中的一部分，需要做出重要的贡献。只有当各个部分竭尽全力演奏好自己的部分时，才会淋漓尽致地展现音乐的美妙，混合而成的艺术效果才会更加令人印象深刻。天才教育既非整个管弦乐队，又是管弦乐队不可或缺的。

注意事项

尽管一些受访者对合作持赞许的态度，但他们也提出了一些告诫。"我们（天才教育）可以与普通教育有更多的合作……当然，我们应该分享那些可以被广泛应用的策略和技巧。过去这些策略仅仅用于天才学生。现在我们看到了将这些策略用于所有学生的重要性，而这正是我们应该合作之处。但是，我们也必须（有一种方法来）满足天才学生的需要。""只有当某个人站出来坚持主张我们必须以不同方式来满足那些需要，我们才有可能把那些有独特需要的学生融入常规课堂之中。""如果我们失去了自己的身份，我们就会丧失提出倡议的机会。"

一位受访者提出，当天才教育唯我独尊时，就会犯一些错误。但是当它能够理解自身的独立性时就不会出现错误了。天才教育在倡导高端卓越方面发挥着重要的作用，这是教育中的其他团队无法扮演的角色。"不要拒绝自己与生俱来的权利"，一位普通教育者告诫说，"你必须成为你自己。"一位天才教育者说道，"尽管我们的工作要求必须不断地发展各种才能，带领所有孩子尽其所能，但是我们必须在整体能力发展的背景下持续做高智能发展的典范。"另一位说道，"尽管人们对智力的看法在拓宽，但有些学生的确处于各种智力的高端水平，而他们最终只能待在普通课堂中。我们必须为这些学生服务，尽管从政治的角度看这种做法是不受欢迎的。"

人类学家有时被描述为统合者和分割者。前者是指那些接受文化共性的人，而后者是指那些接受文化差异的人。当今，普通教育倾向于扮演"统合者"的角色。学生中的相似性是真实存在且重要的，这些相似性要求天才教育推进使所有学生得到最大发展的教学机制。不过，天才教育者也扮演着"分割者"的角色。"教育者不必再去寻找适用于每个人的单一的方法。儿童需要根据其不同需要来被区别对待。天才教育必须提醒我们，对每个人'一视同仁'是不能接受的——也就是说不能一刀切。""我们不能屈从于潮流，也不能屈从于单一的权宜之计的心理 。""不必每 15 秒钟就测一下温度，不要再说天会塌下来，让一些事情结束吧。事情在变化之中，而我们需要看到它们在朝何种方向发展。""我们告诉学生有差异是对的，我们最好也在必要时有与众不同的勇气。"

显然，天才教育的存在不仅是为了倡导并服务于在计划中被忽略的一群学习者，并且是为了倡议其他方面的教育实践。没有天才教育的独特声音，对高端卓越目标的明确阐述和支持就有可能大大减弱。如果天才教育削弱了自己的作用，那么合作的努力是不能被接受的。报告似乎告诫我们，天才教育领域有两种立场——既把注意力转向我们的传统方向，又去寻找新的机会。

建立合作的障碍

在过去，天才教育与普通教育之间合作的障碍显然是一直存在的。在文章的前面部分，我们可以看到有些障碍是隐性的，有些是显性的。无法理解这种障碍就会削弱我们向前推进合作的能力。在专门工作组项目的访谈中，合作的三大障碍贯穿其中：普通教育者与天才教育者对彼此的消极态度、孤立主义、资源的短缺。

受访者指出，合作的主要障碍是相互怀疑和不信任渗透在天才教育者与普通教育者的关系之中。天才教育者的工作似乎常常建立在这样一种假设下，即常规课堂中的事情是不值得做的、不重要的。"天才教育者常常表现出一种'我最了解'的态度。这种态度会让人疏远。"而普通教育者似乎不大理会天才教育的价值。一位常规课堂的教师说道，"当谈及这个话题时，我是个悲观主义者。我不知道自己工作的学校是否有代表性，但是，在我所在学校的45名员工中，可以说大约有44人不相信天才教育或天才儿童的存在。这一点显而易见，人们对天才教育充满了敌意……"

同事之间相互冒犯的态度还牵连到学生。"我感觉天才教育者认为只有在他们的课堂中才会出现唯一重要的天才。事实当然并非如此。但有时，我认为天才教育者并不想看到我们的课堂中也有天才。""对课堂中的许多教师而言，他们对天才学生存在误解甚至是恐惧。这种消极反应源于对天才学生的信息和知识的匮乏。"一位州一级的普通教育者站在中立的立场说道，"我们中的许多人有一种防备感，原因在于很多人处于自己所关注和感兴趣的小阵营中。我认为教育儿童应该成为主要的关注点，而他们中没有人会这么想。因此，孩子们会受到损害。"

与不信任障碍有关的是方案方面的障碍，这种方案似乎与一般课程相差甚远且隔绝开来。分离方案（pullout programs）本身并未被列为障碍，但它似乎与常规的教育计划相分离，这就是问题所在。一位普通教育工作者说道，"我想强调的是分离方案对合作的努力并不支持。"另一位指出，"尽管我是分离方案坚守者，但我并不能掌控它。"另一位教育者断言，"这种方案将我们置于'我的孩子与你的孩子'的心态下而非'我们的孩子'的认知框架下"。

在访谈中反复出现的第三种合作阻碍是资源问题。时间和金钱的匮乏是普通教育工作者和天才工作教育者都十分关注的问题。一位天才教育家反思道："我愿意与老师们有更多的合作。我认为问题还是归结为时间。我想他们也愿意和我们合作。当你每周在办公楼里只待上几个小时，（而且当）别人无论如何也没有空闲时间时，建立工作关系是很困难的……"一位教授解释道，"老师用于满足学习能力强的学生所需的资源很少。老师们自顾不暇，结果往往是只能顾及中等水平的学生。"

确立合作关系的益处

尽管双方的合作有障碍，但实际上所有的受访者都对普通教育者与天才教育者的合作关系对教育、教育者和学习者的益处给予了最大关注。事实上，显而易见的是许多受访者感觉到合作让人们看到了削弱彼此间障碍的最佳迹象，正如合作蕴含着教育进步的希望一样。

受访者常常提及到合作的三种益处：

1. 合作会促进天才教育与普通教育之间的理解与信任。

·促进交流。

·提升天才教育者对天才学生的所有权。

·提升天才教育者对未鉴定学生的所有权。

·鼓励天才学生将普通的学习机会与特殊的学习机会联系起来。

·帮助每个教育者团体对更广范围内的学习者有更准确的了解。

·帮助教育者"把行动带入新的信念中而非相信他们的方式会带来新的行动。"

2. 合作会支持所有教育者的职业发展。

·鼓励教育者建立工作关系网。

· 减少教学隔离的问题。

· 促进可以加速学校发生积极改变的经验的分享。

· 促进专门知识的分享，使天才教育者能够分享过程技能，普通教育者分享课程内容方面的知识。

· 促进同伴辅导以及对专业成长的关注。

· 鼓励相互受益的对挑战性教学策略的研究与评价。

3. 合作会促进学生的学习。

· 促进所有学生的个性化与差异化。

· 促进更多学生在更高水平上进行思考以及对内容和结果有更高的期望。

· 促进所有学生才能的发展。

· 促进学校计划与服务的连续性。

· 促进更为动态和灵活的学生分组。

· 促进共同呼吁社区对教育的支持。

几位受访者指出了合作对天才教育的具体益处。有人谈道，"它强化了对天才教育的呼声。单独而言，天才教育对于整个教育领域的影响并不大。"另一位解释说，"天才教师常被视为'超人'，并且是难以接近的，这仅仅是因为他们与'天才'一词联系在一起。""如果天才教育者在常规课堂里工作，与教师们一起承受教学和管理的风险，一起犯错误，那么我们最终将变成"真实的"教师，我们的声音也会再次成为人类的声音。"通过让自己更容易接近，对普通教育工作者更有吸引力，建立了有效合作的天才教育者能使普通教育者和天才学习者均获得益处。一位课堂上的一线教师解释说，"我需要帮助……我会经受挫折……我有如此多的例外要处理，而且我只有 5 个前排的座位。"另一位说道，"通才并不认为自己是无所不能的，即使改革者认为他们是可以做到的。"

关于合作的建议

事实上所有的受访者都强调天才教育在建立国家、州、地区、学校及课堂层面的合作性努力上需要发挥领导作用。受访者提出了关于推进天才教育与普通教育之间合作的不同方面的建议。地区的教育工作者对一些建议做了很好的补充，国家组织机构如 NAGC 也对某些建议做了补充。"我们（天才教育）必须一马当先。我们没有大的规模，我们不被（普通教育团体）重视，我们是无足轻重的。我们必须打破将彼此分割开来的障碍，从而进行沟通。"关于推进合作的建议可以分成以下六类：

1. 改进对天才教育认识的建议。

· 采取明确的、一致的和积极主动的立场，使天才教育成为改进面向全体学生的教育运动的组成部分。

· 要对通过表达兴趣和兴奋心情来向接纳和培育天才儿童的一般教育者典范致敬。

· 使用广义的智力概念，将天才教育作为广泛的学生群体才能发展的资源来加以关注。

· 开发天才教育方面有成效的案例录像带，并广泛分享。

· 为普通教育者提供观摩天才教育者在不同情境中工作的机会，"以帮助更多的教育者理解天才学生能做什么，以及差异化是什么。"

· 为天才教育者提供深入的培训，主题是帮助他们在更广阔的教育视角下成为主动的参与者（如标准、评分标准、作品集）。

· "为需要播种。"创建材料，进行会谈，帮助普通教育者理解天才学习者的特殊需要，这种特殊需要可以由通才和专家的合作来实现。

· 向天才教育者提供来自公共关系和交流专家（通过州一级的天才协会和 NAGC 组织的会议）的帮助，即他们如何以积极的方式向诋毁者做出回应，如何与同事建立工作关系。

· 在与普通教育的互动中，要有耐心。接受"每次进步一小点。不要施加太多压力。"

· 支持天才教育者在普通教育的专业组织中积极主动。

2. 关于教学实践和方案的建议。

· 关注如何评价学生的需要和兴趣，以及如何设计反应性教学（responsive instruction），而非关注如何进行鉴别与分组。

· 在使用基于成绩的评价中提供指引。

· 关注常规的课堂而非特殊方案与课堂。

· 广泛分享差异化的单元，展示调整教学策略的方式，以便学习能力强的学生可以最有效地使用。

· 关注课堂上天才学习者时间的灵活使用。

· 强调对天才学习者提供必要的以及可实现的服务的连续性。

· 率先确立常规课堂中对天才学习者使用的差异化说明和成绩结果。

· 强调常规课堂中的共同鉴别。

· 强调共同计划与共同教学。

· 为普通教育者和天才教育者提供机会来互换角色。

· 积极培养能够理解合作益处、支持建立合作的管理者。

· 促进天才教育的专家与特殊教育（作为一种在更大背景下落实和支持个体化和差异化的途径）之间的合作。

· 创造和分享常规课堂中具体的差异化教学和灵活分组的模式。

· 发现和分享普通教育的教师在常规课堂中对于天才学习者有效的示例。

· 在为天才学生提供的特殊课堂与学习机会中，务必使普通教育与天才教育的专家进行差异化教学，而非假设所有合格的学生都应该适应单一的模式。

3. 关于服务、在职与毕业准备的建议。

· 鼓励大学水平的天才教育者志愿去教授职前的课程，参与职前研讨会，并为学生教师做大学督导。"我们需要来自学院的职前教师来处理学生的差异。"

· 鼓励大学水平的天才教育者与特殊教育者为学业上有差异的课堂开发并讲授差异化教学的模式。

· 强调在专家水平的方案中选择具有适合天才教育者的合作与咨询模式以

及教学差异化模式。

·使天才教育者有准备（地）在常规课堂中示范各种教学策略。

·与普通教育者和天才教育者一起，带头去做主题是与学习能力强的学生
有关的行动项目研究。

·积极招募并支持职前和研究生水平的少数天赋优异的教师。

·寻找普通教育者想要的合作与帮助，帮助天才教育者做好提供这种合作
与帮助的准备。"要与课堂保持密切联系。"

4. 关于政策与政治行为的建议。

·不时计划一些会议（如州一级协会的会议以及 NAGC 会议），地点可以是
其他专业团体见面的地方，鼓励会议、发言人和示范者进行分享。

·准许普通教育者、各州协会或 NAGC 成员在参加州或 NAGC 会议时减免
费用，并且着手筹划有关合作的会议，以促进两个团体成员之间在工作
上的合作关系。

·参与国家标准运动。

·寻求参与霍姆斯小组。

·培育全国教育协会、美国教师联合会以及各州及地方教育协会中对天才
教育的支持。

·在天才学生的公立学校、社区学校与新授权的可选择的学校之间建立
联系。

·举办有关如何在各州教育部门、学区和学校层面形成与普通教育联络的
各州及 NAGC 会议。

·举办有关政治活动和政策发展的各州协会与 NAGC 会议或专门的工作坊。
为在这些领域有潜力产生影响的天才教育者提供经济上的支持，使他们
接受培训。

·支持天才教育工作者以及其他倡导天才儿童教育的工作者成为管理者、
学校董事会成员、地方委员会的成员（SITE-BASED）、PTAs，加入其他
制定政策的团体并拥有一定的职位。

- 支持天才教育者参加和出席州及国家层面（如全国数学教师理事会 NCTM、监督和课程开发协会 ASCD、全国中学系会 NMSA、NAASP、全国英语教师理事会 NCTE）的普通教育专业会议。
- 促进天才教育者对技术的使用，以建立与普通教育者以及普通教育者团体的联络。
- 鼓励大学层面的天才教育者订购普通教师教育书籍和调查内容，并与出版者就未来版本中需要增加的概念进行沟通。
- 与对高端才能有兴趣的商业和企业建立工作关系。
- 在父母教育方面提供帮助，能使天才学生的父母以积极的方式发挥其政治影响。

5.关于学校改革问题的建议。

- 为营造所有学生有机会探究有意义的内容、思考得更深刻和富于创造性、做出更有价值的成果的教育环境而提出倡议并努力工作。
- 与对设计灵活的课堂以适当满足学生的多样性感兴趣的其他团体联盟。
- 强调教给天才教育者如何去理解学生的多样性（包括学业上的多样性、种族多样性及学习风格的多样性）并做出有效回应，以及如何帮助同事做这样的工作。
- 与少数民族团体密切联系，向他们学习该团体鉴别与发展才能的方式。
- 鼓励州一级的协会及 NAGC 会议将少数民族问题与所呈现的主题加以整合，而非将少数民族问题与其他问题分割开来。
- 鼓励开发多元文化课程的重点和方法。
- 让其他教育者参与进来，为减小班容量、缩减较长的教学时间、增加教师薪金以及其他有可能普遍提高学校教学质量的改革而工作。
- 倡议采用能够将教师合作计划与教学分享囊括进去的学校日程表。
- 为如何在基于网站的环境中从事天才教育工作提供广泛的指导。

6.关于研究和传播工作的建议。

- 加强针对天才学习者而倡导的实践研究基础工作。

· 为反思性实践者和行动研究提供指导，来处理教师感兴趣的有关天才学生的问题、多样性以及有可能影响天才学生教学的实践问题。

· 进行纵向研究，改变教师对天才的态度。

· 强调有效的质性研究，以此作为天才教育的评价工具以及帮助教育者理解天才学生的方式。

· 邀请更多的合作者参与到天才教育杂志中。

· 出版发行普通教育者有关教学问题的讨论以及教师感兴趣的教学实践的经验分享。"要广泛地分享你的行业秘密。"

总　结

一名受访者引用了一位普通教育者说的话："通才并不认为自己是无所不能的，即使改革者认为他们是可以做到的。"受访者一致认为，无论是从普通教育者还是天才教育者的角度看，二者之间的合作都是非常有价值且是迫切需要的。我们都是在历史的瞬间工作，对立的影响一方面鼓励我们去掩盖多样性，另一方面又要展示多样性。天才学生将会从后一种立场中获益，就像学校中的许多其他学生一样。天才教育有机会而且已经在迈向多样化的进程中做出了积极的贡献。需要提醒的是，为了赶上教育的潮流，天才教育千万不能抛弃自己存在的理由。虽然如此，本着克制谨慎的态度，受访者异口同声地断言，"合作的益处远远大于合作道路上现实的障碍。"

第九章
差异化课堂的整合

格利·格雷戈里
卡罗琳·查普曼

在寻求适合学生的最佳教学方法时，我们需要认识到改变是一个过程，而非某个结果（Fullan，1911），而且我们正处于不断改进的过程中。

每天做计划会耗费时间，尤其是当计划涉及重新思考我们在过去"一刀切"的课堂里所做的事情时会更费功夫。我们仍然"在头脑中以结果为起点"，关注课程的标准和期望。但是，现在我们还要调整和重新设计学习活动，以满足每个课堂中每一个学习者的需要和偏好。我们还需要考虑大脑是如何运作的，而且我们应该在制订教学计划时坚持应用基于研究的最佳方案，以保证我们的努力是有效的，能够使学生取得最佳的学习效果。

纵观全书，我们提出了许多想法和策略，可以为你提供借鉴。在本章即将结束之际，我们将把模板（见表 9.1）和网格（表 9.2）应用于不同水平（幼儿园、小学、初中和高中）的差异化教学中，也会根据内容、兴趣、准备状态和多元智力，用表格来对课堂中不同的学习者（刚刚开始学习的、快要掌握学习内容的和已经达到高水平掌握程度的）进行差异化教学（见表 9.2 到 9.8）。差异化并非意味着每节课都要按照复杂性或挑战性的三个水平来分层。它是指找到有趣的、吸引人的和适当的方式来尊重多样性，帮助学生学习新的概念和技能。

我们认为重要的是从大处着眼，小处入手。如果你的目标是每周一节精品课，那么一年下来你就会有 40 节不错的课。

有些人说教师和学校应该有一个道德上的目标，但通常"他们"很少会指出道德目标究竟是什么。并非任何目标都能行得通。学校应该确立更高的教育目标，该目标能够在改变儿童的生活和为后代构建更好的世界中真正合乎道德标准。在学校教育的诸多目标中，四种目标对我们而言具有特殊的道德价值：爱和关心、服务、授权以及学习（Hargreaves & Fullan，1998）。教育者需要为自己在满足学生需要方面的尽职尽责以及教和学方面更有策略而喝彩。

表9.9（见后文）提供了学生进行差异化学习时教师应反思的问题。

表 9.1　差异化学习的六步计划模型：模板	
差异化学习的计划	
1. 标　准：学生应该知道什么，能做什么？	资料收集的评价工具：（日志、核查表、日报、议程、观察、文件夹、评分标准、合同）
基本问题：	
2. 内　容：（概念、词汇、事实）	技　能：
3. 激　发：　　主要活动：　预先评估策略 预先评估 先前知识 激发学生	· 考试、测验 · 调查 · K-W-L 阅读策略 · 日报 · 测量 · 请给我 · 头脑风暴 · 概念形成 · 翻阅

续表

4. 获　得：全班或小组	· 听演讲者 · 报告 · 展示 · 拼图 · 视频 · 田野调查 · 嘉宾演说者 · 课文
5. 分组决定：（TAPS、随机、异质、同质、兴趣、任务、结构化） **应用** **调整**	· 学习中心 · 项目 · 合同 · 压缩／丰富 · 基于问题的 · 探究 · 研究 · 独立学习
6. 评　价 尊重多样性（学习风格、多元智能、个人兴趣等）	· 考试、测验 · 表演 · 产品 · 陈述 · 展示 · 日志、日报 · 核查表 · 文件夹 · 评分标准 · 元认知

资料来源：Gayle H. Gregory（2007）. *Differentiated Instructional Strategies：One Size Doesn't Fit All*（*2nd ed.*）. Thousand Oaks：CA：Corwin，www. corwin. com.

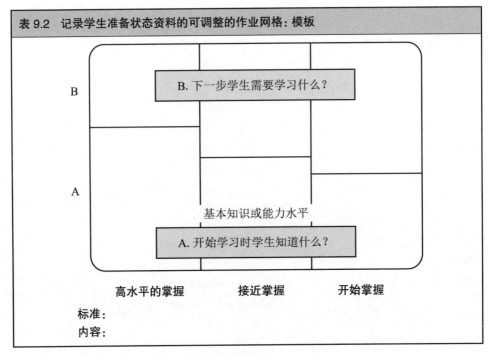

表 9.2 记录学生准备状态资料的可调整的作业网格：模板

B. 下一步学生需要学习什么？

基本知识或能力水平

A. 开始学习时学生知道什么？

高水平的掌握　　接近掌握　　开始掌握

标准：

内容：

注：表 9.2 至表 9.9 的资料来源同表 9.1。

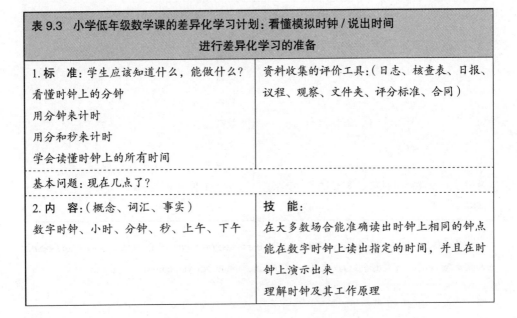

表 9.3 小学低年级数学课的差异化学习计划：看懂模拟时钟／说出时间

进行差异化学习的准备

1. 标　准：学生应该知道什么，能做什么？ 看懂时钟上的分钟 用分钟来计时 用分和秒来计时 学会读懂时钟上的所有时间	资料收集的评价工具：（日志、核查表、日报、议程、观察、文件夹、评分标准、合同）
基本问题：现在几点了？	
2. 内　容：（概念、词汇、事实） 数字时钟、小时、分钟、秒、上午、下午	技　能： 在大多数场合能准确读出时钟上相同的钟点 能在数字时钟上读出指定的时间，并且在时钟上演示出来 理解时钟及其工作原理

3.激 发： 主要活动： 预先评估策略 预先评价 先前知识 激发学生 能叫出分针、时针、秒 描述半小时，一刻钟，以及准点时间 对自己日程表中的五个重要时刻命名并进行讨论	·考试、测验 ·调查 ·K-W-L 阅读策略 ·日报 ·测量 ·请给我 ·头脑风暴 ·概念形成 ·翻阅
4.获 得： 全班或小组 单独使用可以操作的时钟来表示各种时间。 同伴解释时针和分针是如何工作的。 在小组中，让学生进行头脑风暴，讨论什么时候他们会需要数字时钟，以便学生意识到掌握该技能的价值。 小组进行比赛，在可以操作的时钟上找到指定的准确时间。	·听演讲者 ·报告 ·展示 ·拼板 ·视频 ·田野调查 ·嘉宾演说者 ·课文
5.分组决定：（TAPS、随机、异质、同质、 兴趣、任务、结构化） **应用** **调整** **开始掌握** 使用分针以 5 分钟为单位来计时 掌握每种指针的位置： **准点** 一刻钟，15 分钟 半小时，30 分钟 三刻钟，45 分钟 **接近掌握** 读出时钟上的分钟 用分钟计时 用分钟和秒钟计时 学会看懂时钟上的所有时间	·学习中心 ·项目 ·合同 ·压缩 / 充实 ·基于问题 ·探究 ·研究 ·独立学习

高水平的掌握 能不假思索地看懂时钟上的所有时间（有机会的话）	
6.评　价 当给出具体时间时，学生能在时钟上指出正确的时间。 测验时钟的组成部分。	·考试、测验 ·表演 ·产品 ·陈述 ·展示 ·日志、日报 ·核查表 ·文件夹
尊重多样性（学习风格、多元智能、个人兴趣等）	·评分标准 ·元认知

表9.4　小学低年级数学的可调整作业的网格：

理解时钟和消逝的时间

标准、概念或技能：消逝的时间

水平：小学高年级

要点

　　A.学生开始学习时知道什么？

　　B.学生下一步需要学什么？

需要自动读出时钟上的所有时间。	在时钟上读出分钟。 使用分钟计时。 使用分钟和秒钟计时。 学会读出时钟上的所有时间。	以5分钟为单位来计时。 时针比分针走得慢。 学习定位： ＿＿＿点钟：整点及每个指针的位置： 一刻钟，5分钟， 半小时，30分钟， 整点差一刻，45分钟。
每天使用时钟。 解释时针和分针的工作原理。 在大多数场合准确读出时钟上的同一钟点。	准确说出小时和半小时。 认识时钟上的常规时间，如午饭时间或下课时间。 理解并准确读出整点时间。	看懂数字式时钟。 能够命名时钟的组成部分：分针、时针。 知道60分钟是1小时，知道12个数字代表小时。
高水平掌握	**接近掌握**	**开始掌握**

表 9.5　小学高年级科学课的差异化学习计划： 解释周期表
差异化学习计划

1. 标准：学生应该知道什么，能够做什么？ 看懂并解释周期表。 解释周期表中的资料。 学习每一种元素及其在周期表中的位置。	资料收集的评价工具： （日志、核查表、记事本、观察资料、文件夹、评分标准、合同）
基本问题： 周期表中的每种元素代表什么？ 这些元素是什么，它们代表什么？	
2. 内容：（概念、词汇、事实）元素名称及周期表的属性	**技能**： 解释资料和术语。 学会看懂周期表。 学习周期表的设计原理及目的。 需要全面解释使用元素周期表的过程
3. 激发：　　主要活动：　　预先评价策略 预先评价 先前知识以及吸引学生的注意 能够在表中使用特定的关键要素 定位和改变构成物质的微粒 认识周期表 学习术语 使用周期表中的线索 学习常见元素和特征	·考试，测验 ·调查 ·K-W-L 阅读策略 ·日报 ·测量 ·请给我 ·头脑风暴 ·概念形成 ·翻阅
4. 获得：全班或小组 按属性解释周期表中的资料。 利用周期表准确地确定原子度数和相对原子质量 说出列和行的理由 利用周期表说出基本的化学式。	·听演讲者 ·报告 ·展示 ·拼板 ·视频 ·田野调查 ·嘉宾演说者 ·课文

5. 分组决定：（TAPS、随机、异质、同质、兴趣、任务、结构化） **应用** **调整** **开始掌握** 认识周期表。 学习术语。 使用周期表中的线索 学习常见元素及特征 **接近掌握** 学习周期表是如何形成的。 需要全面解释使用周期表的过程。 **高水平的掌握** 应用元素的结合。 使用周期表解决现实问题和情况。	·学习中心 ·项目 ·合同 ·压缩／充实 ·基于问题 ·探究 ·研究 ·独立学习
6. 评价 周期表的定义和使用过程。 解释周期表中的线索 每个条目代表什么，指什么？ 周期表的工作原理？ 谁使用周期表？什么时候用？ 尊重多样性（学习风格、多元智能、个人兴趣等）	·考试、测验 ·表演 ·产品 ·陈述 ·展示 ·日志、日报 ·核查表 ·文件夹 ·评分标准 ·元认知

表9.6 小学高年级科学课可调整的作业网格：
解释周期表

标准、概念或技能：解释周期表

要点

A. 列出学生开始学习时具备的知识基础，这可以通过计划好的预先评估来确定。

B. 为了确定B，教师要列出每组学生需要进一步学习的内容。这意味着对于达到高水平掌握程度的学生要准备具有挑战性的内容，要确定那些有知识准备的学生需要学什么，还要确定那些没有基本知识的学生与所教知识之间的差距。

B	应用元素的组合。使用周期表解决现实问题和情况。	学习周期表是如何形成的。需要全面解释使用周期表工作的过程。	认识元素周期表，学习术语。使用周期表中的线索。学习常见元素及特点。
A	使用周期表准确确定原子数和相对原子质量。理解行和列背后的逻辑。能使用周期表书写基本化学式。	理解术语。能够使用周期表中的特定要素。定位和改变构成物质的微粒。	知道一些常见元素。听说过周期表的术语。
	高水平掌握	**接近掌握**	**开始掌握**

表9.7 初中科学课的差异化学习计划：
考察身体骨骼和肌肉系统的功能

差异化学习计划	
1.标准： 学生应该知道什么，能做什么？骨骼和肌肉系统共同运作从而具有生命运动的功能。	资料收集的评价工具：（日志、核查表、日志、议程、观察、文件夹、评分标准、合同）

基本问题：

骨骼和肌肉系统具有什么功能？我们如何才能更好地保护这些系统？

2.内容：（概念、词汇、事实）肌肉、骨骼、功能、韧带、骨头	**技能：** 视觉表征 原因和结果

3. 激发：　　**主要活动：**　　**预先评估** 预先评估　　3. 骨骼/肌肉系统的功能 先前知识　　2. 你喜欢问的问题。 吸引学生　　1. 为何要了解这些知识？ 　　　　　　标出骨骼和肌肉系统的组成部分。				· 考试、测验 · 调查 · K-W-L 阅读策略 · 日报 · 测量 · 请给我 · 头脑风暴 · 概念形成 · 翻阅
4. 获得：整组或小组 在 3 个小组中观看视频，同时配备一个高级图形组织者。 小组讨论，并填写高级图形组织者来作为总结或笔记。随机找一个伙伴来比较视频和课本阅读中的信息。				· 听演讲者 · 报告 · 展示 · 拼板 · 视频 · 田野调查 · 嘉宾演说者 · 课文
5. 分组决定：（TAPS、随机、异质、同质、兴趣、任务、结构化）				· 学习中心 · 项目 · 合同 · 压缩/充实 · 基于问题 · 探究 · 研究 · 独立学习
应用 **调整**	根据学生对选择板上的选择进行分组	学生单独工作，成对或 3 人一起完成选择板上的项目	学生报告选择板上的项目。教师和同伴用短评给予反馈。	
6. 评价 学生各自书写关于骨骼和肌肉系统存在的必要性以及为了健康生活努力保护好这些系统的论文。对两个系统的组成部分及功能进行测验。 尊重多样性（学习风格、多元智能、个人兴趣等）				· 考试、测验 · 表演 · 产品 · 展示 · 日志、日报 · 核查表 · 文件夹 · 评分标准 · 元认知

在本课中，学习策略也被差异化了。教师通过进行快速的知识预评估来了解学生知道什么。通过听觉的、视觉的、印刷材料及合作小组中的讨论来激发他们的兴趣。用井字游戏（Tic-Tac-Toe）或选择板提供选择，使学生能够对内容加以复述，并通过各种方式来报告他们对知识的理解。

差异化并非总是三种水平的难度或挑战，而是学习新概念和技能的有趣的、让人投入的、合适的方式。

表9.8 高中社会研究的差异化学习计划： 考察欧洲移民对美国文化的影响	
差异化学习计划	
1.**标准**：学生应该知道什么，能做什么？ 考察欧洲移民的流入和对美国社会的贡献	资料收集的评价工具：（日志、核查表、日报、议程、观察、文件夹、评分标准、合同）
基本问题：在21世纪早期，移民的种族特性是如何影响我们在美国的生活？	
2.**内容**（概念、词汇、事实） 外来移民、文化、移民出境、重新定位、种族特性、雇佣、宗教	**技能：** 比较和对比 研究和资料收集 视觉表征
3.**激发**：　　主要活动：　　　预先评估策略 预先评估 先前知识及吸引学生 学生创造四个角的图形组织者来填写他们所了解的有关21世纪初的移民知识。每个学生提出一个问题。 来宾演讲者：移民的祖父母	·考试、测验 ·调查 ·K-W-L阅读策略 ·日志 ·测量 ·请给我 ·头脑风暴 ·概念形成 ·翻阅

4. 获得：全班或小组 根据对兴趣的调查，让学生来确定更喜欢全面调查哪一个移民小组。学生可以使用因特网、课文、资源中心以及共同体资源来收集 W5 表中的信息。	·演讲 ·报告 ·证明 ·拼图 ·视频 ·田野调查 ·嘉宾演说者 ·课文
5. 分组决定：（TAPS、随机、异质、同质、兴趣、任务、结构化） **应用** **调整** 小组中的学生要向全班介绍他们的发现。使用交叉分类矩阵，每个学生与另一个调查不同移民种族的学生搭伴。学生要进行再分组，直到填满整个表，并且全体学生都讨论过所有的移民群体。	·学习中心 ·项目 ·合同 ·压缩 / 充实 ·基于问题 ·探究 ·研究 ·独立学习
6. 评价 学生在小组中创建一个"心智地图"来代表移民对美国文化的贡献。对 21 世纪早期的移民及不同种族群体的影响进行测验。 尊重多样性（学习风格、多无智能、个人兴趣等）	·考试、测验 ·表演 ·产品 ·报告 ·日志、日报 ·核查表 ·文件夹 ·评分标准 ·元认知

　　本课关注的是使用四个角的图形来记笔记和作总结的最佳练习，学生就能记录移民群体的信息将其作为预先评估活动。提出个人问题使学生能够进一步对该主题加以研究。通过对兴趣的调查也有助于学生将个性化的方式与学习内容建立联系。

　　各种资源可以促进移民小组的调查。TAPS 贯穿于学习过程中。整个组完成一个兴趣调查。学生各自确定个人的兴趣，在不同时间段成对或以小组的形式工作。学生用各种教学策略进行多样化练习。学习方式（听觉的、视觉的和触摸觉／动觉的）受到尊重。

表 9.9　教师计划的问题核查表
学生的差异化学习

营造安全的氛围（Building Safe Environments）

·学生提出和检验自己的观点会觉得有风险吗？

·学生在班里感到被接纳并能得到他人的支持吗？

·任务有足够的挑战性而非扰乱学生或让人痛苦吗？

·是否有调动学生情绪的手段？

·有新奇的、独特的、诱人的活动来吸引和维持学生的注意吗？

·"头脑独特的人"受到尊重并能获得所需的服务吗（学习风格以及多元智能）？

识别和尊重差异性（Recognizing and Honoring Diversity）

·学习经历适合学生不同的多元智能和学习风格吗？

·学生可以合作以及独立工作吗？

·他们可以以不同方式展示自己所知道的东西吗？

·学生的文化背景影响教学吗？

评价（Assessment）

·进行预先评估来确定学习的准备状态吗？

·有足够的时间进行考察、理解并将学习迁移到长时记忆（增加树突）中吗？有时间掌握吗？

·他们有机会进行及时的反馈吗？

·他们有时间对想法、概念进行重新思考以建立联系或加以拓展吗？

·将元认知的时间纳入到学习过程中了吗？

·学生是使用日志和日记进行反思和目标设定的吗？

教学策略（Instructional Strategies）

·能够清晰地向学生表述期望并被他们所领悟吗？

·学习与学生有关吗？对他们有用吗？

·学习是建立在过去的经验之上的还是又获得了新经验？

·学习与学生的真实世界有关吗？

·从发展的角度来看策略适宜吗？把策略教给学生了吗？

·有多样化的策略来吸引和维持学生的注意吗？

·有完成项目、进行创造、解决问题和面对挑战的机会吗？

多种课程途径（Numerous Curriculum Approaches）

· 学生可以独自、成对或在小组中工作吗？

· 学生可以基于兴趣、需要或选择而在学习中心工作吗？

· 一些活动是否会进行调整以提供适度的挑战？

· 利用预先测验来考虑对学习内容进行缩减或充实吗？

· 问题、探究和合同会予以考虑吗？

作者简介

格利·格雷戈里（Gayle H. Gregory）：国际知名顾问，在适应大脑的学习（与大脑相匹配的学习、脑兼容学习）（brain-compatible learning）、差异化教学与评价领域颇有专长。

苏珊·艾伦（Susan Allan）：高中社会研究课的教师、幼儿园到 12 年级的资源调配教师、天才教育的协调者、中学管理者和美术指导者。她还一直在弗吉尼亚大学和乔治梅森大学做兼职讲师，在密西根的多所大学担任客座教师。

卡罗琳·查普曼（Carolyn Chapman）：国际教育顾问、作家、教师，著作颇丰。

玛丽·鲁思·科尔曼（Mary Ruth Coleman）：博士、北卡罗莱纳大学教堂山分校 FPG 儿童发展中心的资深研究员。

格伦达·比蒙·克劳福德（Glenda Beamon Crawford）：伊隆大学（Elon University）的中等教育计划（The Middle Grades Education Program）教授、顾问。2002 年获北卡罗莱纳州天才教育突出贡献奖，2004 年获伊隆大学教育系杰出学术成就奖。

帕蒂·德拉波（Patti Drapeau）：教师、培训师、作家、国际知名的节目主持人、教育顾问、培训师。目前担任南缅因大学的兼职教授，讲授研究生的课程，包括差异化、批判性和创造性思维、课程整合、天才和资优教育、天才和资优学生教学的课程和方法。

凯西·塔其曼·格拉斯（Kathy Tuchman Glass）：高级教师、顾问、作家。撰有多部著作，担任"希思中级文学"系列的顾问（1995）。

林·库兹米奇（Lin Kuzmich）：教育顾问、兼职教授和作家、汤普森学区的助理总监、小学与初中教学的执行理事、职业发展理事与特殊教育副理事、校长。荣获了 2000 年约翰·欧文的学术单越与进步奖。

玛丽·斯莱德（Mary Slade）：博士、詹姆斯麦迪逊（James Madison University, JMU）大学教育学院特殊教育系的教授，发表过 175 篇专业论文。目前的学术成就包括专业发展、进修差异化、咨询与合作、基于网站的人员预备的布局。斯莱德博士在天才教育、差异化和在线学习方面对个别学校和地区进行咨询服务。

玛丽莉·斯普伦格（Marilee Sprenger）：教师，研究领域包括基于大脑的教学、运用脑科学的教学实践以及差异化。她是美国神经学协会的成员，被称为"最有头脑的女士"。

唐娜·沃克·泰尔斯顿（Donna Walker Tileston）：教师、畅销书作家和全职顾问。她是策略教学与学习的主席，为美国、加拿大以及世界各地的学校提供服务，出版过 20 多本书

卡罗尔·安·汤姆林森（Carol Ann Tomlinson）：弗吉尼亚大学科里教育学院（The University of Virginia's Curry School of Education）教育领导力、基金会和政策方面的初级教授，领导力、基金和政策系的主任。汤姆林森撰写了 200 多篇著作、部分章节、文章以及其他专业发展材料，其中很多与差异化教学有关。

安妮·尤德尔（Anne Udall）：西北评价协会（Northwest Evaluation Association, NWEA）专业发展的副主席、助手、教师、员工培训师、项目指导以及负责专业课程、教学和专业发展行动的助理主管，同时还是一位颇有造诣的主题发言人和节目主持人，发表过很多文章。

参考文献

Chapter 1

Burke, K. (1993). *The mindful school: How to assess authentic learning.* Thousand Oaks, CA: Corwin.

Caine, R. N., & Caine, G. (1997). *Education on the edge of possibility.* Alexandria, VA: Association for Supervision and Curriculum Development.

Campbell, D. (1998). *The Mozart effect.* New York: Avon.

Cardoso, S. H. (2000). *Our ancient laughing brain. Cerebrum: The Dana Forum on Brain Science, 2(4),* 15–30.

Csikszentmihalyi, M. (1990). *Flow: The psychology of optimal experience.* New York: HarperCollins.

DePorter, B., Reardon, M., & Singer-Nourie, S. (1998). *Quantum teaching.* Boston: Allyn & Bacon.

Diamond, M., & Hopson, J. (1998). *Magic trees of the mind.* New York: Penguin.

Driscoll, M. E. (1994, April). *School community and teacher's work in urban settings: Identifying challenges to community in the school organization.* Paper presented at the annual meeting of the American Educational Research Association, New Orleans, LA. (Available from New York University)

Gibbs, J. (1995). *Tribes: A new way of learning and being together.* Santa Rosa, CA: Center Source.

Glasser, W. (1990). *The quality school.* New York: Harper & Row.

Glasser, W. (1998). *Choice theory in the classroom.* New York: HarperCollins.

Goleman, D. (1995). *Emotional intelligence.* New York: Bantam.

Goleman, D. (1998). *Working with emotional intelligence.* New York: Bantam.

Green, E. J., Greenough, W. T., & Schlumpf, B. E. (1983). Effects of complex or isolated environments on cortical dendrites of middle-aged rats. *Brain Research, 264,* 233–240.

Gregory, G. H., & Parry, T. S. (2006). *Designing brain-compatible learning* (3rd ed.). Thousand Oaks, CA: Corwin.

Harmin, M. (1994). *Inspiring active learning.* Alexandria, VA: Association for Supervision and Curriculum Development.

Healy, J. (1992). *Endangered minds: Why our children don't think.* New York: Simon & Schuster.

Jensen, E. (1998a). *Introduction to brain-compatible learning.* Thousand Oaks, CA: Corwin.

Jensen, E. (1998b). *Teaching with the brain in mind.* Alexandria, VA: Association for Supervision and Curriculum Development.

Marzano, R. J. (1992). *A different kind of classroom teaching with dimensions of learning.* Alexandria, VA: Association for Supervision and Curriculum Development.

Maslow, A. (1968). *Toward a psychology of being.* New York: Van Nostrand Reinhold.

McTighe, J. (1990). *Better thinking and learning* [Workshop handout]. Baltimore: Maryland State Department of Education.

O'Keefe, J., & Nadel, L. (1978). *The hippocampus as a cognitive map.* Oxford, UK: Clarendon.

Ornstein, R., & Thompson, R. (1984). *The amazing brain.* Boston: Houghton Mifflin.

Pert, C. B. (1998). *Molecules of emotion.* New York: Scribner.

Rozman, D. (1998, March). *Speech at Symposium on the Brain.* University of California, Berkeley.

Sapolsky, R. M. (1998). *Why zebras don't get ulcers.* New York: Freeman.

Chapter 2

Dunn, K., & Dunn, R. (1987). Dispelling outmoded beliefs about student learning. *Educational Leadership, 44*(6), 55–61.

Grinder, M. (1991). *Righting the educational conveyor belt.* Portland, OR: Metamorphous Press.

Guild, P., & Garger, S. (1998). *Marching to different drummers* (2nd ed.). Alexandria, VA: Association for Supervision and Curriculum Development.

Kittredge, M. (1990). *The senses.* New York: Chelsea House.

Kline, P. (1997). *The everyday genius: Restoring children's natural joy of learning, and yours too.* Arlington, VA: Great Ocean.

LeDoux, J. (2002). *Synaptic self.* New York: Penguin.

Markova, D. (1992). *How your child is smart.* Emeryville, CA: Conari.

Markova, D., & Powell, A. (1998) *Learning unlimited.* Berkeley, CA: Conari.

Meltzoff, A. (2000). Nurturing the young brain: *How the young brain learns* [Audio cassette]. Alexandria, VA: Association for Supervision and Curriculum Development.

Rose, C., & Nicholl, M. (1997). *Accelerated learning for the 21st century.* New York: Dell.

Chapter 3

Diamond, M. C., Scheibel, A. B., Murphy, G. M., Jr., & Harvey, T. (1985). On the brain of a scientist: Albert Einstein. *Experimental Neurology, (88),* 198–204.

Doidge, N. (2007). *The brain that changes itself: Stories of personal triumph from the frontiers of brain science.* New York: Penguin.

Jackson, R. R. (2009). *Never work harder than your students & other principles of great teaching.* Alexandria, VA: Association for Supervision and Curriculum Development.

Jensen, E. (1997). *Completing the puzzle: The brain-compatible approach to learning.* DelMar, CA: TurningPoint.

Jensen, E. (1998). *Introduction to brain-compatible learning.* Del Mar, CA: Turning

Point.

Jensen, E. (2006). *Enriching the brain: How to maximize every learner's potential.* SanFrancisco: John Wiley and Sons.

Marzano, R. J. (2001a). *Designing a new taxonomy of educational objectives.* Thousand Oaks, CA: Corwin.

Marzano, R. J. (2001b). *What works in schools.* Alexandria, VA: Association for Supervision and Curriculum Development.

Prensky, M. (2006). *Don't bother me Mom—I'm learning.* St. Paul, MN: Paragon House.

Sousa, D. (2006). *How the brain learns* (3rd ed.). Thousand Oaks, CA: Corwin.

Sprenger, M. (2002). *Becoming a "wiz" at brainbased teaching.* Thousand Oaks, CA: Corwin.

Tileston, D. W. (2004a). *What every teacher should know about effective teachingstrategies.* Thousand Oaks, CA: Corwin.

Tileston, D. W., (2004b). *What every teacher should know about learning, memory, and the brain.* Thousand Oaks, CA: Corwin.

Tileston, D. W. (2004c). *What every teacher should know about media and technology.* Thousand Oaks, CA: Corwin.

Tileston, D. W. (2004d). *What every teacher should know about student assessment.* Thousand Oaks, CA: Corwin.

Chapter 4

Ainsworth, Larry. (2003a). *Power standards: Identifying the standards that matter the most.* Denver, CO: Advanced Learning Press and Center for Performance Assessment.

Ainsworth, Larry. (2003b). *Unwrapping the standards: A simple process to make standards manageable.* Denver, CO: Advanced Learning Press and Center for Performance Assessment.

Caine, Renate, & Caine, Geoffrey. (1991). *Making connections: Teaching and human brain.* New York: Addison-Wesley.

Caine, Renate, & Caine, Geoffrey. (1997). *Education on the edge of possibility.* Alexandria, VA: Association for Supervision and Curriculum Development (ASCD).

Elder, Linda, & Paul, Richard. (2002). *The art of asking essential questions.* San Francisco: Foundation for Critical Thinking.

Fogarty, Robin, & Bellanca, Jim. (1993). *Patterns for thinking, patterns for transfer: A cooperative team approach for critical and creative thinking in the classroom.* Arlington Heights, IL: IRI/Skylight.

Hart, Leslie. (1993). *Human brain and human learning.* Arizona: Books for Education.

Healy, Jane. (1990). *Endangered minds: Why our children don't think.* New York: Simon & Schuster.

Jacobs, Heidi Hayes. (1997). *Mapping the big picture: Integrating curriculum and assessment K–12.* Alexandria, VA: ASCD.

Kuzmich, Lin. (1998). *Data driven instruction: A handbook.* Longmont, CO: Centennial Board of Cooperative Services.

Kuzmich, Lin. (2002). *Scenario-based learning*. Paper presented to New Orleans Archdiocese administrators.

Parry, Terence, & Gregory, Gayle. (2003). *Designing brain compatible learning*. Arlington Heights, IL: Skylight.

Reeves, Douglas B. (2000). *Accountability in action: A blueprint for learning organizations*. Denver, CO: Advanced Learning Press and Center for Performance Assessment.

Reeves, Douglas B. (2003). *The daily disciplines of leadership*. Denver, CO: Advanced Learning Press and Center for Performance Assessment.

Silver, Harvey, Strong, Richard, & Perini, Matthew. (2000). *So each may learn: Integrating learning styles and multiple intelligences*. Alexandria, VA: ASCD.

Stiggins, Richard J. (1997). *Student-centered classroom assessment* (2nd ed.). Columbus, OH: Merrill, an imprint of Prentice Hall.

Vail, Priscilla. (1989). *Smart kids with school problems*. New York: New American Library.

Chapter 5

Aronson, E. (1978). *The jigsaw classroom*. Beverly Hills, CA: Sage.

California Department of Education. (1994). *Differentiating the core curriculum and instruction to provide advanced learning opportunities*. Sacramento, CA: Author.

Campbell, B., & Campbell, L. (1999). *Multiple intelligences and student achievement: Success stories from six schools* (p. 69). Thousand Oaks, CA: Corwin.

Clarke, J. (1994). Pieces of the puzzle: The jigsaw method. In S. Sharan (Ed.), *Handbook of cooperative learning methods* (pp. 34–50). Westport, CT: Greenwood Press.

Clarke, J., Widerman, R., & Eadie, S. (1990). *Together we learn*. Scarborough, ON: Prentice Hall.

Cohen, E. (1994). *Designing groupwork: Strategies for the heterogeneous classroom* (2nd ed.). New York: Teachers College Press.

Covey, S. (1989). *Seven habits of highly effective people*. New York: Free Press.

Daniels, H. (1994). *Literature circles: Voice and choice in the student-centered classroom*. Portland, ME: Stenhouse Publishers.

Dunn, R., & Dunn, K. (1987). Dispelling outmoded beliefs about student learning. *Educational Leadership, 44*(6), 55–61.

Fisher, D., & Frey, N. (2007). *Checking for understanding: Formative assessment techniques for your classroom*. Alexandria, VA: Association for Supervision and Curriculum Development.

Gardner, H. (1993). *Multiple intelligences: The theory in practice*. New York: Basic Books.

Gregory, G. H., & Chapman, C. (2007). *Differentiated instructional strategies: One size doesn't fit all* (2nd ed.). Thousand Oaks, CA: Corwin.

Joyce, M., & Tallman, J. (1997). *Making the writing and research connection with the I-search process*. New York: Neal-Schuman Publishers.

Kelly, R. (2000). Working with WebQuests: Making the Web accessible to students with disabilities. *Teaching Exceptional Children, 32*(6), 4–13.

Lyman, F. T. (1981). The responsive classroom discussion: The inclusion of all students. In A. Anderson (Ed.), *Mainstreaming digest* (pp. 109–113). College Park: University of Maryland Press.

Lyman, F. (1992). Think-pair-share, thinktrix, and weird facts. In N. Davidson & T. Worsham (Eds.), *Enhancing thinking through cooperative learning*. New York: Teachers College Press.

Macrorie, K. (1988). *The I-search paper*. Portsmouth, NH: Boynton/Cook Publishers.

McTighe, J., & O'Connor, K. (2005, November). Seven practices for effective learning. *Educational Leadership, 63*(3).

Palincsar, A. S. (1986). Reciprocal teaching. In *Teaching reading as thinking*. Oak Brook, IL: North Central Regional Educational Laboratory.

Palincsar, A. S., & Brown, A. L. (1985). Reciprocal teaching: Activities to promote read(ing) with your mind. In T. L. Harris & E. J. Cooper (Eds.), *Reading, thinking and concept development: Strategies for the classroom*. New York: The College Board.

Reis, S. M., Burns, D. E., & Renzulli, J. S. (1992). *Curriculum compacting: The complete guide to modifying the regular classroom for high-ability students*. Mansfield Center, CT: Creative Learning Press.

Santa, C. M. (1988). *Content reading including study systems*. Dubuque, IA: Kendall/Hunt.

Sharon, Y., & Sharon, S. (1992). *Expanding cooperative learning through group investigation*. New York: Teachers College Press.

Slavin, R. E. (1994). *Cooperative learning: Theory, research, and practice*. Boston: Allyn & Bacon.

Sternberg, R. (1996). *Successful intelligence: How practical and creative intelligence determines success in life*. New York: Simon & Schuster.

Tomlinson, C. (1999). *The differentiated classroom: Responding to the needs of all learners*. Alexandria, VA: Association for Supervision and Curriculum Development.

Tomlinson, C. (2001). *How to differentiate instruction in mixed-ability classrooms* (2nd ed.). Alexandria, VA: Association for Supervision and Curriculum Development.

Winebrenner, S. (2001). *Teaching gifted kids in the regular classroom: Strategies and techniques every teacher can use to meet the academic needs of the gifted and talented*. Minneapolis, MN: Free Spirit Publishing.

Chapter 6

Anderson, L. W., & Krathwohl, D. R. (Eds.). (2001). *A taxonomy for learning, teaching, and assessing: A revision of Bloom's Taxonomy of educational objectives*. New York: Longman.

Beers, S. Z. (2003). *Reading strategies for the content areas: Vol. 1. An ASCD action tool*. Alexandria, VA: Association for Supervision and Curriculum Development.

Burke, K. (1994). *How to assess authentic learning*. Palatine, IL: IRI/Skylight.

Drapeau, P. (1998). *Great teaching with graphic organizers*. New York: Scholastic.

Drapeau, P. (2004). *Differentiated instruction: Making it work*. New York: Scholastic.

Fogarty, R. (1994). *Teach for metacognitive cognition*. Palatine, IL: IRI/Skylight.

Forsten, C., Grant, J., & Hollas, B. (2003). *Differentiating textbooks strategies to improve student comprehension and motivation*. Peterborough, NH: Crystal Springs Books.

Gangwer, T. (2005). *Visual impact, visual teaching: Using images to strengthen learning*. San Diego, CA: The Brain Store.

Gardner, H. (1999). *Intelligence reframed*. New York: Basic Books.

Glasser, W. (1999). *Choice theory*. New York: Perennial.

Gregory, G., & Chapman, C. (2002). *Differentiated instructional strategies: One size doesn't fit all*. Thousand Oaks, CA: Corwin.

Gregory, G., & Kuzmich, L. (2004). *Data driven differentiation in the standards-based classroom*. Thousand Oaks, CA: Corwin.

Heacox, D. (2002). *Differentiating instruction in the regular classroom*. Minneapolis, MN: Free Spirit Publishing.

Howard, D. L., & Fogarty, R. (2003). *The middle years: The essential teaching repertoire*. Chicago, IL: Fogarty and Associates.

Intrator, S. (2004). The engaged classroom. *Educational Leadership, 62*(1), 23.

Jacobs, H. H. (2006). *Active literacy across the curriculum*. Larchmont, NY: Eye on Education.

Jensen, E. (2006). *Enriching the brain*. San Francisco, CA: Jossey-Bass.

Kaplan, S. N. (2005). Layering differentiated curriculum for the gifted and talented. In F. A. Karnes & S. M. Bean (Eds.), *Methods and materials for teaching the gifted* (pp. 107–132). Waco, TX: Prufrock Press.

Kenney, J. M., Hancewicz, E., Heuer, L., Metsisto, D., & Tuttle, C. L. (2005). *Literacy strategies for improving mathematics instruction*. Alexandria, VA: Association for Supervision and Curriculum Development.

Marzano, R. J., Pickering, D. J., & McTighe, J. (1993). *Assessing student outcomes: Performance assessment using the dimensions of learning model*. Alexandria, VA: Association for Supervision and Curriculum Development.

Nunley, K. F. (2006). *Differentiating in the high school classroom*. Thousand Oaks, CA: Corwin.

Paul, R. (1999). *Critical thinking: Basic theory and instructional structures*. Sonoma, CA: Foundation for Critical Thinking.

Polette, N. (1987). *The ABCs of books and thinking skills: A literature-based thinking skills program K–8*. O'Fallon, MO: Book Lures.

Reid, L. (1990). *Thinking skills resource book*. Mansfield, CT: Creative Learning Press.

Sousa, D. A. (2001). *How the brain learns*. Thousand Oaks, CA: Corwin.

Sprenger, M. (2005). *How to teach so students remember*. Alexandria, VA: Association for Supervision and Curriculum Development.

Sternberg, R. J. (1996). *Successful intelligence: How practical and creative intelligence determine success in life*. New York: Simon & Schuster.

Sylwester, R. (2003). *A biological brain in a cultural classroom* (2nd ed.). Thousand Oaks, CA: Corwin.

Tomlinson, C. A. (1999). *The differentiated classroom: Responding to the needs of all learners*. Alexandria, VA: Association for Supervision and Curriculum

Development.

Caine, R. N., & Caine, G. (1994). *Making connections: Teaching and the human brain* (Rev. ed.). Menlo Park, CA: Addison-Wesley.

Caine, R. N., & Caine, G. (1997). *Understanding the power of perceptual change: The potential of brain-based teaching.* Alexandria, VA: Association for Supervision and Curriculum Development.

Caine, R. N., Caine, G., McClintic, C., & Klimek, K. (2005). *12 brain/mind learning principles in action: The fieldbook for making connections, teaching, and the human brain.* Thousand Oaks, CA: Corwin.

Collins, A., Brown, J. S., & Newman, S. E. (1989). Cognitive apprenticeship: Teaching the crafts of reading, writing, and mathematics. In L. B. Resnick (Ed.), *Knowing, learning, and instruction: Essays in honor of Robert Glaser* (pp. 453–494). Hillsdale, NJ: Lawrence Erlbaum.

Crawford, G. B. (2004). *Managing the adolescent classroom: Lessons from outstanding teachers.* Thousand Oaks, CA: Corwin.

Crawford, G. B. (2007). *Brain-based teaching with adolescent learning in mind* (2nd ed.). Thousand Oaks, CA: Corwin.

Damasio, A. (1994). *Descartes' error: Emotion, reason, and the human brain.* New York: Putman.

Diamond, M. C. (1967). Extensive cortical depth measurements and neuron size increases in the cortex of environmentally enriched rats. *Journal of Comparative Neurology, 131,* 357–364.

Diamond, M., & Hopson, J. (1998). *Magic trees of the mind: How to nurture your child's intelligence, creativity, and healthy emotions from birth through adolescence.* New York: Dutton.

Feinstein, S. (2004). *Secrets of the teenage brain: Research-based strategies for reading and teaching today's adolescents.* Thousand Oaks, CA: Corwin.

Franklin, J. (June 2005). *Mental mileage: Education update.* Alexandria, VA: Association for Supervision and Curriculum Development.

Gardner, H. (1999). *The disciplined mind: What all students should understand.* New York: Basic Books.

Gardner, H. (2006). *Multiple intelligences: New horizons.* New York: Basic Books.

Giedd, J. N., Gogtay, N., Lusk, L., Hayashi, K. M., Greenstein, D., Vaituzis, A. C., et al. (2004). *Dynamic mapping of human cortical development during childhood through early adulthood.* Proceedings of the National Academy of Sciences. *627,* 231–247.

Greenfield, S. (1995). *Journey to the center of the mind.* New York: W. H. Freeman Company.

Jensen, E. (1998). *Teaching with the brain in mind.* Alexandria, VA: Association for Supervision and Curriculum Development.

Jensen, E. (2000). *Different brain, different learners.* Thousand Oaks, CA: Corwin.

Johnson, D. W. (1979). *Educational psychology.* Englewood Cliffs, NJ: Prentice Hall.

Johnson, D. W., & Johnson, R. (1988). Critical thinking through structured controversy. *Educational Leadership, 45*(8), 58–64.

Kaufeldt, M. (2005). *Teachers, change your bait!: Brain-based differentiated instruction.* Norwalk, CT: Crown House Publishing Company.

LaDoux, J. (1996). *The emotional brain.* New York: Simon & Schuster.

Martin, S. J., & Morris, R. G. M. (2002). New life in an old idea: The synaptic plasticity and memory hypothesis revisited. *Hippocampus, 12,* 609–636.

Nelson, K. (2001). *Teaching in the cyberage: Linking the Internet and brain theory.* Thousand Oaks, CA: Corwin.

Pea, R. D. (1993). Practices of distributed intelligence and designs in education. In G. Saloman (Ed.), *Distributed cognitions: Psychological and educational consider-ations* (pp. 47–87). Cambridge, England: Cambridge University Press.

Perkins, R. (1992). *Smart minds: From training memories to educating minds.* New York: The Free Press.

Perkins, R. (1999). The many faces of constructivism. *Educational Leadership, 57*(3), 6–11.

Price, L. F. (April 2005). The biology of risk taking. *Educational Leadership, 62*(7), 22–26.

Resnick, L. B. (1987). *Education and learning to think.* Washington, DC: National Academy Press.

Siegal, D. J. (1999). *The developing mind: Toward a neurobiology of interpersonal experi-ence.* New York: Guilford.

Silverman, S. (1993). Student characteristics, practice, and achievement in physical education. *Journal of Educational Research, 87,* 1.

Simmons, S. (December 1995). Drawing as thinking. *Think Magazine,* 23–29.

Sousa, D. A. (2001). *How the brain learns: A classroom teacher's guide.* Thousand Oaks, CA: Corwin.

Sousa, D. A. (2003). *How the gifted brain learns.* Thousand Oaks, CA: Corwin.

Spinks, S. (2002). *Adolescent brains are works in progress: Here's why.* Retrieved June 25, 2006, from http://www.pbs.org/wgbh/pages/frontline/shows/teenbrain/work/adolescent .html

Sprenger, M. (1999). *Learning and memory: The brain in action.* Alexandria, VA: Association for Supervision and Curriculum Development.

Sprenger, M. (2003). *Differentiation through learning styles and memory.* Thousand Oaks, CA: Corwin.

Strauss, B. (2003). *The primal teen: What the new discoveries about the teenage brain tell us about our kids.* New York: Anchor Books.

Sylwester, R. (1999). *A celebration of neurons: An educator's guide to the human brain.* Alexandria, VA: Association for Supervision and Curriculum Development.

Sylwester, R. (2003). *A biological brain in a cultural classroom: Enhancing cognitive and social development through collaborative classroom management.* (2nd ed.). Thousand Oaks, CA: Corwin.

Sylwester, R. (2004). *How to explain a brain: An educator's handbook of brain terms and cognitive processes.* Thousand Oaks, CA: Corwin.

Sylwester, R. (2006). Connecting brain processes to school policies and practices. Retrieved June 28, 2006, from http://www.brainconnection.com/library/? main=talkhome/columnists

Thompson, P. M., Giedd, J. N., Woods, R. P. et al. (2000). Growth patterns in the developing brain detected by using continuum mechanical tensor maps. *Nature, 404*(6774), 190–193.

Tomlinson, C. A., & Eidson, C. C. (2003). *Differentiation in practice: A resource guide for differentiating the curriculum.* Alexandria, VA: Association for Supervision and Curriculum Development.

Vygotsky, L. S. (1978). *Mind in society: The development of higher psychological processes*. Cambridge, MA: Harvard University Press.

Willis, J. (2006). *Research-based strategies to ignite student learning: Insights from a neurologist and classroom teacher*. Alexandria, VA: Association for Supervision and Curriculum Development.

Wilson, L. M., & Horch, H. D. (September 2002). Implications of brain research for teaching young adolescents. *Middle School Journal, 34*(1), 57–61.

Wolfe, P. (2001). *Brain matters: Translating research into classroom practice*. Alexandria, VA: Association for Supervision and Curriculum Development.

Chapter 8

Bogdan, R., & Biklen, S. (1982). *Qualitative research for education: An introduction to theory and methods*. Boston: Allyn & Bacon.

Council for Exceptional Children (1994). *Toward a common agenda: Linking gifted education and school reform*. Reston, VA: Council for Exceptional Children.

Dettmer, P. (1993). Gifted education: Window of opportunity. *Gifted Child Quarterly, 37*, 92–94.

Ford, D., & Harris, J. III. (1993). Educational reform and the focus on gifted African-American students. *Roeper Review, 15*, 200–204.

Frank, R. (1992, March). School restructuring: Impact on attitudes, advocacy, and educational opportunities for gifted and talented students. In *Challenges in gifted education. Developing potential and investing in knowledge for the 21st century*. Columbus, OH: Ohio State Department of Education.

Gallagher, J. (1991). Educational reform, values, and gifted students. *Gifted Child Quarterly, 35*, 12–19.

Gallagher, J. (1992, March). Gifted students and educational reform. In *Challenges in gifted education: Developing potential and investing in knowledge for the 21st century*. Columbus, OH: Ohio State Department of Education.

Hanninen, G. (1994). Blending gifted education and school reform. ERIC Digest #E525.

Lincoln, Y., & Guba, E. (1985). *Naturalistic inquiry*. Beverly Hills, CA: Sage.

Margolin, L. (1994). *Goodness personified: The emergence of gifted children*. New York: Aldine De Gruyter.

Miles, M., & Huberman, A. (1984). *Qualitative data analysis: A sourcebook of new methods*. Newbury Park, CA: Sage.

Oakes, J. (1985). *Keeping track: How schools structure inequality*. New Haven, CT: Yale University Press.

Renzulli, J., & Reis, S. (1991). The reform movement and the quiet crisis in gifted education. *Gifted Child Quarterly, 35*, 26–35.

Robinson, A. (1990). Cooperation or exploitation? The argument against cooperative learning for talented students. *Journal for the Education of the Gifted, 14*, 9–27.

Rogers, K. (1991). *The relationship of grouping practices to the education of the gifted and talented learner* Storrs, CT: National Research Center on the Gifted and Talented.

Ross, R. (1993). *National excellence: A case for developing America's talent.* Washington, DC: Office of Educational Research and Improvement.

Sapon-Shevin, M. (1995). Why gifted students belong in inclusive schools. *Educational Leadership, 52*(4), 64–70.

Tomlinson, C. (1991). Gifted education and the middle school movement: Two voices on teaching the academically talented. *Journal for the Education of the Gifted, 15,* 206–238.

Tomlinson, C. (1992). Gifted learners: The boomerang kids of middle school? *Roeper Review, 16,* 177–182.

Tomlinson, C. & Callahan, C. (1992). Contributions of gifted education to general education in a time of change. *Gifted Child Quarterly, 36,* 183–189.

Treffinger, D. (1991). School reform and gifted education: Opportunities and issues. *Gifted Child Quarterly, 35,* 6–11.

Van Tassel-Baska, J. (1991). Gifted education in the balance: Building relationships with general education. *Gifted Child Quarterly, 35,* 20–25.

Wheelock, A. (1992). *Crossing the tracks: How "untracking" can save America's schools.* New York: The New Press.

Chapter 9

Fullan, M. (with Steigelbauer, S.). (1991). *The new meaning of educational change.* New York: Teachers College Press. teachers. Thousand Oaks, CA: Corwin.

Hargreaves, S., & Fullan, M. (1998). *What's worth fighting for out there?* New York: Teachers College Press.

图书在版编目（CIP）数据

差异化教学／（美）格雷戈里等著；赵丽琴译 . —上海：华东师范大学出版社，2015.1

ISBN 978 - 7 - 5675 - 2969 - 4

Ⅰ.①差 ... Ⅱ.①格 ... ②赵 ... Ⅲ.①教学研究 Ⅳ.① G420

中国版本图书馆 CIP 数据核字（2015）第 012942 号

大夏书系·西方教育前沿

差异化教学

著　　者	格利·格雷戈里 等
译　　者	赵丽琴
策划编辑	李永梅
审读编辑	齐凤楠
封面设计	奇文云海·设计顾问

出版发行	华东师范大学出版社
社　　址	上海市中山北路 3663 号　邮编　200062
网　　址	www.ecnupress.com.cn
电　　话	021－60821666　行政传真　021－62572105
客服电话	021－62865537
邮购电话	021－62869887　地址　上海市中山北路 3663 号华东师范大学校内先锋路口
网　　店	http：//hdsdcbs.tmall.com

印 刷 者	北京季蜂印刷有限公司
开　　本	700×1000　16 开
插　　页	1
印　　张	14.5
字　　数	192 千字
版　　次	2015 年 3 月第一版
印　　次	2020 年 8 月第五次
印　　数	13101－15100
书　　号	ISBN 978－7－5675－2969－4/G·7870
定　　价	35.00 元

出 版 人	王　焰

（如发现本版图书有印订质量问题，请寄回本社市场部调换或电话 021-62865537 联系）